Mia Führer

# SOMMER KLEIDER nähen

Luftig und leicht:
Tunika, Kaftan
und Maxidress

CV

## Liebe Leserinnen, liebe Leser,

willkommen zu unserer Sommerkollektion – fotografiert in Italien unter mediterraner Sonne.

Sommer, die schönste Zeit des Jahres, genießen wir mit all unseren Sinnen! Barfußlaufen durch den warmen Sand in unserem leuchtend blauen Modell aus einem leichten, fließenden Chiffon-Crêpe. Und für die Stunden am Strand ist ein hauchzarter Kaftan der ideale Begleiter zum Schutz vor Sonne, Wind und neugierigen Blicken.

Oder: Wie wäre es mit unserer exotischen Naturschönheit: ein Kaftan im Animal-Print. Schnell genäht und auch hier, wie an einigen anderen Modellen unser witziges Accessoire: selbst gemachte Quasten! Entdecken Sie unsere luftigen Kleider mit Spaghettiträgern oder die wunderschöne Tunika aus einem edlen, handgewebten indischen Baumwollstoff mit Goldrand. Ob ein langer Kaftan, eine klassische Tunika, ein romantisches Stufenkleid oder ein „Sommernachtstraum" im Ibiza-Look – Sie werden sicher Ihr Lieblingsteil finden.

Viel Spaß beim Entdecken, beim Nähen und beim Tragen!

Ihre Autorin
Mia Führer

# Inhalt

Sämtliche Modelle in den Größen 34/36 bis 46/48



## Sommerkleider

# Kaftane und Tuniken



Schwierigkeitsgrad:

●○○ = einfach

●●○ = mittel

●●● = anspruchsvoll

# SOMMER-KLEIDER

Sommerkleider sind einfach ein Hingucker. Ob sportlich oder verspielt, lässig oder elegant, uni oder kunterbunt, mit schwingendem Rock oder hauchdünnen Spaghettiträgern: Ein Sommerkleid schmeichelt jeder Frau und macht einen Sonnentag auch optisch zum Hochgenuss.

# Tunikakleid im Hippielook

*Weit geschnitten aus einer leichten Viskose, daher sehr bequem*

Schwierigkeitsgrad: ●●○

## Material

- Viskose, 143 cm breit von Der Stoff – Norderstedt

| Größe | Stoff | Rückenlänge |
|---|---|---|
| 34/36 | 2,30 m | = 100 cm |
| 38/40 | 2,30 m | = 101 cm |
| 42/44 | 2,35 m | = 102 cm |
| 46/48 | 2,45 m | = 103 cm |

- Vlieseline H180
- Satinband in Dunkelblau von Prym, 0,5 cm breit, ca. 4,00 m lang
- 1 Wollknäuel in Dunkelblau
- 1 Tassel Maker von Prym
- Farblich passendes Nähgarn

## Schnittteile & Vorbereitung

Schnittteile 1–5 auf Bogen A Schwarze Konturlinien

***Größe:***
***34/36*** • • • • • • • • • • • • • • • • • • • • • • •
***38/40*** — — — — — — — — — — —
***42/44*** — · · — · · — · · — · · — · · —
***46/48*** ————————————————

Das vord. Passen-Schnittteil 4 an der Mittellinie spiegeln, sodass ein ganzes Teil entsteht.

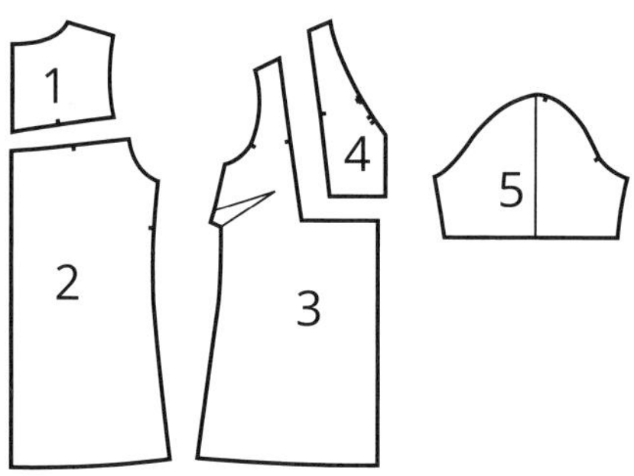

Kontrastreich:
dunkle Quasten
auf rosa Stoff

## Zuschnitt

1. Rückw. Passe = 2 x im Stoffbruch
2. Rückenteil = 1 x im Stoffbruch
3. Vorderteil = 1 x im Stoffbruch
4. Vord. Passe = 2 x Stoff
5. Ärmel = 2 x Stoff, Achtung für Gr. 46/48 gegengleich zuschneiden!

(a) Saumrüsche = 2 x im Stoffbruch, Gesamtlänge: 120/124/128/131 cm breit, 30 cm lang

(b) Ärmelrüsche = 2 x Stoff, 54/55,75/57,5/59 cm breit, 19 cm lang

(c) Streifen für die Schlaufen = 1 x Stoff im schrägen Fadenlauf, 15 cm lang, 2 cm breit

**Einlage** auf eine vord. Passe aufbügeln.
Die Teile mit 1 cm Nahtzugabe, Säume zuzügl. 2 cm zugeben.

### Größe 34/36 – 42/44

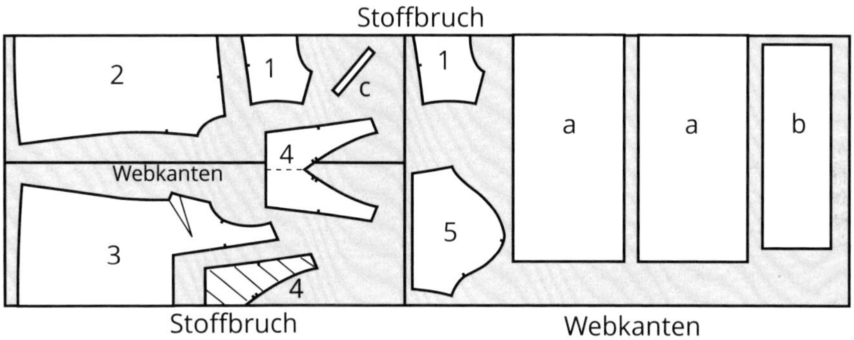


### Größe 46/48

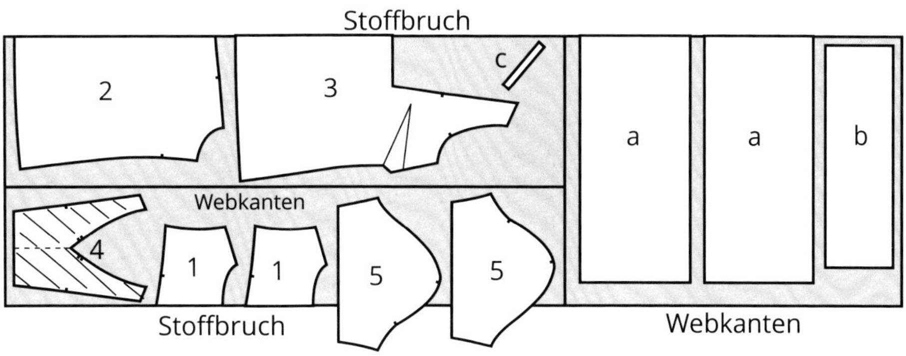

## So geht's

Die Brustabnäher spitz auslaufend steppen und nach oben gerichtet bügeln.

**Vorderer Halsausschnitt:** Das Vorderteil an der Ansatznaht einkräuseln. Dafür auf der Nahtlinie mit einem großen Steppstich steppen und 0,5 cm daneben auf der Nahtzugabe steppen. An beiden Unterfäden gleichmäßig ziehen und so auf die Breite der Passe einkräuseln. Die fixierte vord. Passe rechts auf rechts an das Vorderteil stecken. Die erste Längsnaht bis zur Ecke steppen. Die Nahtzugabe an der Ecke bis kurz vor die Naht einschneiden, die Naht aufdrehen, dann weiternähen bis zur nächsten Ecke. Auch hier bis kurz vor die Naht einschneiden, aufdrehen und weiternähen. Die Nahtzugaben in die Passe bügeln. Den Streifen „c" längskantig aufeinanderlegen und 0,5 cm breit steppen. Am Ende zwei lange Fäden hängen lassen, diese in eine große Nadel einfädeln und mit dem Öhr zuerst durch den Streifen ziehen. Den Streifen nun nach außen wenden und glatt bügeln. Zwei 5 cm lange Stücke abschneiden und wie im Schnitt eingezeichnet zur Schlaufe auf die vord. Ausschnittkanten stecken. Die Schlaufe liegt auf dem Vorderteil. Die Innenpasse rechts auf rechts auf das Vorderteil stecken und mit 1 cm Nahtzugabe steppen. An der vord. Ecke die Naht bis knapp vor die Naht einschneiden und nach innen wenden. Die Schlaufen nach außen ziehen und die Kante des Halsausschnittes bügeln. Von rechts 0,5 cm breit absteppen. Die Innenpasse an den Kanten versäubern und von rechts anstecken. Im Nahtschatten ansteppen. Aus dem Rest des Streifens zwei kleine Ösen legen und sie zeichengemäß auf die vord. Kanten steppen.

**Rückenteil:** Am Rückenteil zeichengemäß die Kräusel einziehen. Siehe dazu das Vorderteil. Die rückw. Passe rechts auf rechts zeichengemäß an das Rückenteil steppen. Die andere Passe innen, rechts auf links ansteppen. Passen nach oben bügeln. Schulternähte rechts auf rechts steppen, Nahtzugaben nach hinten bügeln. Die Innenpasse an den Schultern einschlagen und mit der Hand annähen. Die Seitennähte und die Seitennähte der Saumrüsche rechts auf rechts steppen, Seitennähte jeweils zusammengefasst versäubern und nach hinten bügeln. Eine Längskante der Saumrüsche 2 cm nach innen bügeln und den Saum eingeschlagen ansteppen. An der anderen Seite einkräuseln. Dafür auf der Nahtlinie mit einem großen Steppstich steppen. 0,5 cm daneben auf der Nahtzugabe noch einmal steppen. An beiden Unterfäden gleichmäßig ziehen und so auf Kleidersaumweite einkräuseln. Die Rüsche rechts auf rechts an das Kleid steppen, Nahtkanten zusammengefasst versäubern und nach oben bügeln. Das Satinband auf die Ansatznaht steppen, an den Enden einschlagen und feststeppen.

**Ärmel:** Die Ärmelsaumrüsche an einer Längskante 2 cm nach innen bügeln. An der anderen Längskante einkräuseln, siehe Saumrüsche. Die Rüsche auf die Weite der Ärmelunterkante einkräuseln und rechts auf rechts an die Kanten steppen. Nahtkanten jeweils zusammengefasst versäubern und nach oben bügeln. Ärmelnähte rechts auf rechts und die Nähte der Rüschen in einem Arbeitsgang steppen, dabei den Saum wieder nach außen klappen. Nahtkanten jeweils zusammengefasst versäubern und nach hinten bügeln. Die Säume einschlagen und steppen. Das Satinband auf den Ansatz des Ärmels steppen.
Ärmel zeichengemäß in die Armausschnitte steppen. Dabei die Mehrweite an der Armkugel einhalten.

Ein 80 cm langes Stück Satinband über Kreuz in die Schlaufen am Halsausschnitt ziehen. Band an beiden Seiten hängen lassen. Nicht fest zusammenziehen!
Mit dem Tassel Maker von Prym 2 Quasten anfertigen.
Die Bandenden durch die Quasten ziehen, verknoten und mit ein paar Handstichen festnähen.

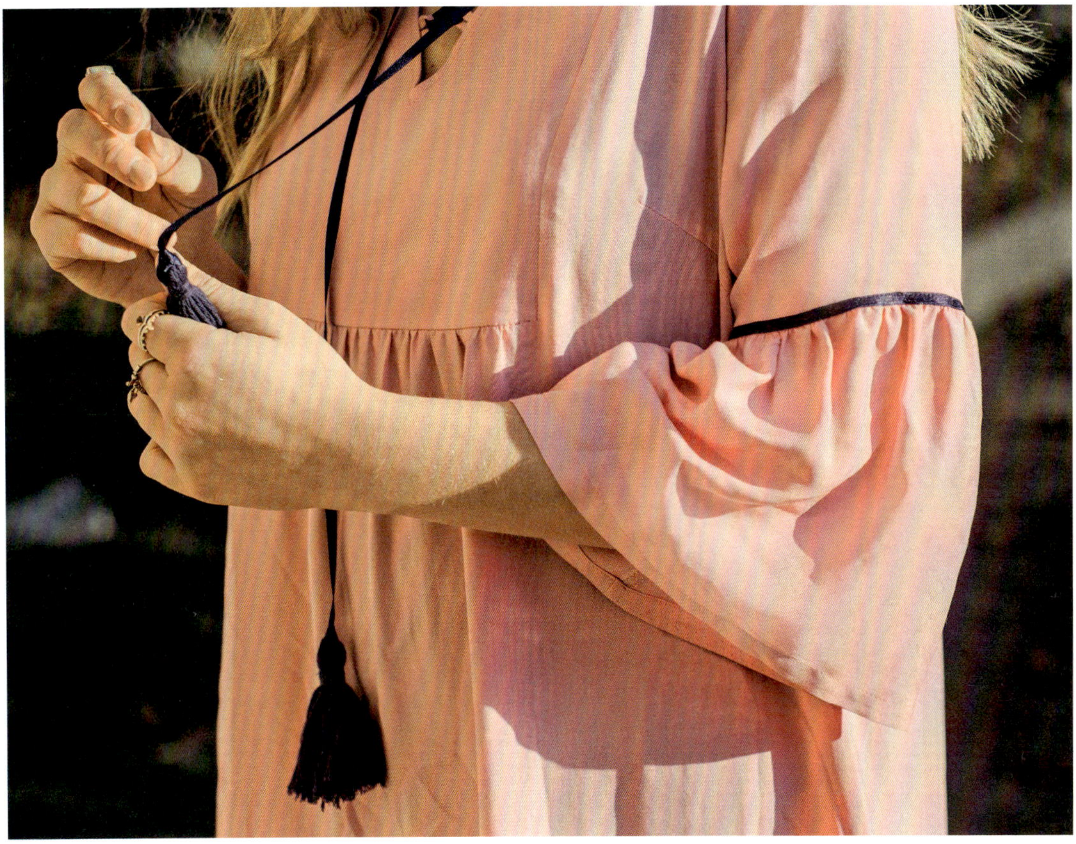

# Tunikakleid

Leichtes luftiges Kleid aus Viskose. Witzig: Die Streifen können nach Herzenslust quer oder längs verarbeitet werden

Schwierigkeitsgrad: ●●●

## Material

- Viskose, längsgestreift, 150 cm breit von Der Stoff – Norderstedt

| Größe | Stoff | Rückenlänge |
|---|---|---|
| 34/36 | 2,05 m | = 89 cm |
| 38/40 | 2,05 m | = 90 cm |
| 42/44 | 2,30 m | = 91 cm |
| 46/48 | 2,45 m | = 92 cm |

- Vlieseline H180
- Farblich passendes Nähgarn

## Schnittteile & Vorbereitung

Schnittteile 1–4 auf Bogen D Schwarze Konturlinien

***Größe:***
***34/36***
***38/40***
***42/44***
***46/48***

Das Vorderteil wie im Schnitt eingezeichnet an den entsprechenden Linien durchschneiden. Das Rücken- und das Blendenschnittteil jeweils an der rückw. Mittellinie spiegeln, sodass ganze Teile entstehen.

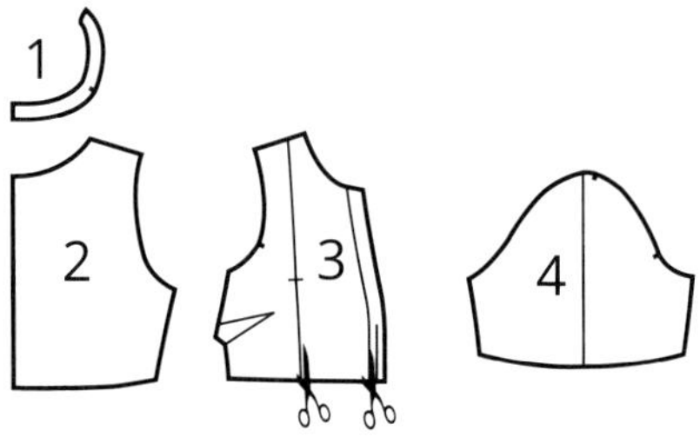

Anmutig:
die versetzten Längs-
und Querstreifen

## Zuschnitt

(1) Halsausschnittblende = 2 x Stoff, quer zum Streifen

(2) Rückenteil = 1 x Stoff quer im Streifen

(3) Mittleres Vorderteil = 2 x Stoff, quer im Streifen

(3) Seitliches Vorderteil = 1 x Stoff längs im Streifen

(3) Vord. Blende = 4 x Stoff längs im Streifen

(4) Ärmel = 2 x Stoff längs im Streifen

(a) Vord. Rockteil = 1 x im Stoffbruch längs im treifen, Gesamtlänge: 74/76/78/80 cm breit, 37 cm lang

(a) Rückw. Rockteil = 1 x im Stoffbruch längs im Streifen, Gesamtlänge: 74/76/78/80 cm breit, 37 cm lang

(b) Saumrüsche = 2 x Stoff, 104/106/108/110 cm breit, 20 cm lang

(c) Ärmelrüsche = 2 x Stoff, 55/56,5/58/59,5 cm breit, 18 cm lang

**Einlage** auf eine Halsausschnitt-Blende und zwei entgegengesetzte vord. Blenden aufbügeln.
Die Teile mit 1 cm Nahtzugabe, Säume zuzügl. 2 cm zugeben.

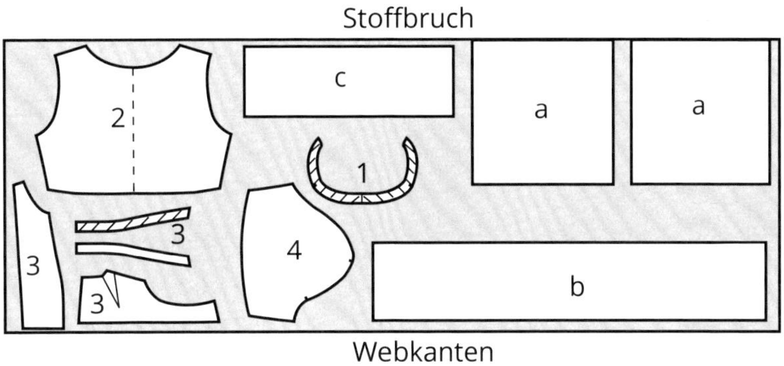

## So geht's

Die Brustabnäher spitz auslaufend steppen und nach oben gerichtet bügeln.
Die vord. Seitenteile an die Vorderteile rechts auf rechts steppen. Nahtkanten jeweils zusammengefasst versäubern und zur Mitte gerichtet bügeln. Von rechts 0,5 cm breit absteppen. Die vord. Blenden jeweils rechts auf rechts legen und die Außenkanten steppen. Nahtzugaben verschneiden, die Blenden nach innen wenden und die Kanten bügeln. Kanten knappkantig absteppen. Die Blenden offen jeweils rechts auf rechts an die Vorderteile steppen. Nahtzugaben etwas verschneiden und in die Blende bügeln. Die Innenblende eingeschlagen mit der Hand an die Ansatznaht nähen. Von rechts knappkantig absteppen. Die vorderen Mitten aufeinanderlegen und die Blenden knappkantig aufeinandersteppen. Die Seiten- und Schulternähte rechts auf rechts steppen, Nahtkanten jeweils zusammengefasst versäubern und nach hinten bügeln.

**Halsausschnitt:** Die Halsausschnitt-Blenden rechts auf rechts legen und die vord. Kanten und die obere Kante steppen. Nahtzugaben verschneiden, die Ecken schräg abschneiden und die Blende nach außen wenden. Die Kanten gut bügeln. Die Blende offen, mit der fixierten Seite rechts auf rechts zeichengemäß an den Halsausschnitt steppen. Nahtzugaben in die Blende bügeln, innen die Nahtzugaben einschlagen und mit der Hand an die Ansatznaht nähen. Die Blende rundherum knappkantig absteppen.

**Rock anfertigen:** Die Seitennähte rechts auf rechts steppen, Seitennähte jeweils zusammengefasst versäubern und nach hinten bügeln. Die Saumrüschenteile rechts auf rechts an den Seiten steppen, Nähte versäubern und flachbügeln. Eine Längskante versäubern, 2 cm nach innen bügeln und den Saum eingeschlagen ansteppen. An der anderen Seite einkräuseln. Dafür auf der Nahtlinie mit einem großen Steppstich steppen. 0,5 cm daneben auf der Nahtzugabe noch einmal steppen. An beiden Unterfäden gleichmäßig ziehen und so auf die Rocksaumweite einkräuseln. Die Rüsche rechts auf rechts an den Rocksaum steppen, Nahtkanten zusammengefasst versäubern und nach oben in den Rock bügeln.
Die obere Rockkante ebenfalls einkräuseln, siehe Rüsche. Hier den Rock auf Oberteilweite einkräuseln. Den Rock rechts auf rechts an das Oberteil steppen. Nahtkanten zusammengefasst versäubern und nach oben bügeln. Vorn an den Blenden von rechts doppelt absteppen.

**Ärmel:** Die Ärmelsaumrüsche an einer Längskante 2 cm nach innen bügeln. An der anderen Längskante einkräuseln, siehe Saumrüsche. Die Rüsche auf die Ärmelunterkante einkräuseln und rechts auf rechts an die Kanten steppen. Nahtkanten jeweils zusammengefast versäubern und nach oben bügeln. Ärmelnähte rechts auf rechts und die Rüschen in einem Arbeitsgang steppen, dabei den Saum wieder nach außen klappen. Nahtkanten jeweils zusammengefasst versäubern und nach hinten bügeln. Die Säume steppen.
Ärmel zeichengemäß in die Armausschnitte steppen. Dabei die Mehrweite an der Armkugel einhalten.

# Karokleid

Süßes Stufenkleid mit einem gewebten Karo
in sommerlichen Farben

Schwierigkeitsgrad: ●●○

## Material

- Viskose-Leinen-Gemisch mit gewebtem Karomuster, 156 cm breit von Der Stoff – Norderstedt

| Größe | Stoff | Rückenlänge |
|---|---|---|
| 34/36 | 1,90 m | = 127,5 cm |
| 38/40 | 1,95 m | = 128,5 cm |
| 42/44 | 2,05 m | = 129,5 cm |
| 46/48 | 2,10 m | = 130,5 cm |

- 1 nahtverdeckter Reißverschluss 60 cm lang von Prym
- Farblich passendes Nähgarn

## Schnittteile

Schnittteile 11–13 auf Bogen C Schwarze Konturlinien

***Größe:***

***34/36*** ○○○○○○○○○○○○○○○○○○○○○○○○○○○○○○○○

***38/40*** - - - - - - - - - - - - - - - - - -

***42/44*** —·—·—·—·—·—·—

***46/48*** ●●●●●●●●●●●●●●●●●●●●●●●●

»Der Tag macht sich schön,
Er trägt das Rot der Sonne
Und den Wiesenduft.«

(Erhard H. Bellermann)

## Zuschnitt

- (11) Rückenteil = 1 x im Stoffbruch
- (12) Seitenteil = 2 x Stoff im schrägen Fadenlauf
- (13) Vorderteil = 2 x Stoff
- (a) Vord. und rückw. Rockteil = 1 x im Stoffbruch, 62/64/66/70 cm breit, 61 cm lang
- (b) Saumrüsche = 2 x im Stoffbruch, 47/48/49/51 cm breit, 32 cm breit
- (c) Halsausschnittstreifen mit Bindeband = 1 x Stoff in zwei Teilen im schrägen Fadenlauf, Gesamtlänge: 139/140,5/142/143,5 cm lang, 4 cm breit (inkl. Nahtzugaben)
- (d) Armausschnittstreifen = 2 x Stoff im schrägen Fadenlauf, 42/44,5/47,25/50,25 cm lang, 4 cm breit (inkl. Nahtzugaben)

Die Teile mit 1 cm Nahtzugabe, an den Säumen 1 cm Nahtzugabe zugeben.

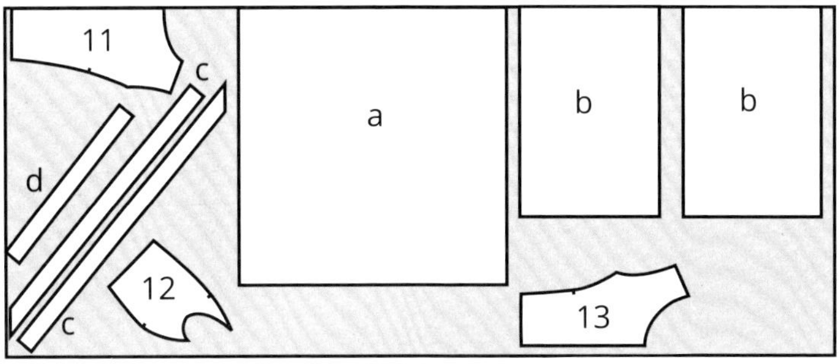


»Nimmt man ein Lächeln mit in die Welt, lächelt sie zurück.«

(Heidi Klum)

## So geht's

Die Seitenteile rechts auf rechts an die Vorderteile und die Schulternähte rechts auf rechts steppen. Nahtkanten jeweils zusammengefasst versäubern und zur Mitte bzw. nach hinten gerichtet bügeln. Die vorderen Kanten ebenfalls versäubern. Den Armausschnittstreifen zum Einfassen vorbereiten. Eine Schablone aus Pappe 2 cm breit, ca. 50 cm lang schneiden. Die Schablone mittig auf den Streifen legen und die Längskanten nach innen bügeln. Dann die Schablone entfernen und den Streifen längskantig auf halbe Breite umbügeln. Das heißt die Bruchkanten aufeinanderlegen. Dann Schnitt zur Hand nehmen und den Streifen in Form des Armausschnittes bügeln.
Schrägband offen unter die Nähmaschine legen und die Armausschnittkanten bis zum Umbruch hineinlegen. Das Schrägband zusammenlegen und knappkantig ansteppen. Dabei die Unterseite des Bandes mitfassen. Das Rückenteil rechts auf rechts an die Seitenteile steppen. Nahtkanten jeweils zusammengefasst versäubern und zum Rückenteil bügeln. Die Nahtzugabe im Nahtschatten feststeppen.

**Rockteil** nähen: Die vord. Mittelnahtkanten versäubern und rechts auf rechts bis zur Reißverschlussmarkierung, 39 cm von unten gemessen, zusteppen. Naht auseinanderbügeln. Die Saumrüschenteile rechts auf rechts zusammensetzen, Nahtkanten jeweils zusammengefasst versäubern und eine Längskante versäubern. Diese Kante 1 cm nach innen bügeln und ansteppen. An der anderen Seite einkräuseln. Dafür auf der Nahtlinie mit einem großen Steppstich steppen, 0,5 cm daneben auf der Nahtzugabe noch einmal steppen. An beiden Unterfäden gleichmäßig ziehen und so auf die Rocksaumweite einkräuseln. Die Rüsche rechts auf rechts an den Rocksaum steppen. Nahtkanten zusammengefasst versäubern und nach oben in den Rock bügeln.
Die obere Rockkante ebenfalls einkräuseln, siehe Rüsche.
Den Rock rechts auf rechts an das Oberteil steppen. Nahtkanten versäubern, nach oben bügeln. Den Reißverschluss mit einem Spezialsteppfuß einarbeiten.

**Halsausschnitt:** Die Halsstreifen zusammensetzen, die Nähte auseinanderbügeln. Mit der Pappschablone arbeiten, siehe Armausschnitt. An einer Seite des Streifens 40 cm abmessen. Bis zu dieser Markierung den Streifen aufeinandersteppen. Dann den Streifen offen unter die Nähmaschine legen und den Halsausschnitt bis zur Bruchkante hineinlegen. Den Streifen zusammenlegen und knappkantig ansteppen. Dabei die untere Stofflage mitfassen. Den Streifen dabei etwas gedehnt halten, sodass der Halsausschnitt nicht ausdehnen kann. Ab der anderen Halsausschnittkante wird der Streifen wieder aufeinandergesteppt. Bei 40 cm Länge abschneiden und die Enden verknoten.

# Hängerkleid

*Maxikleid für heiße Tage mit Quasten an Schulterbändern und lässigen Seitennahttaschen*

Schwierigkeitsgrad: ●●○

## Material

- Reine Viskose bedruckt, 146 cm breit von Kattun Stoffe

| Größe | Stoff | Rückenlänge |
|---|---|---|
| 34/36 | 1,95 m | = 92 cm |
| 38/40 | 1,95 m | = 92 cm |
| 42/44 | 2,15 m | = 92 cm |
| 46/48 | 2,15 m | = 92 cm |

- Vlieseline H180
- 1 Knäuel feine Wolle in Hellbraun
- 1 Tassel-Maker von Prym
- Farblich passendes Nähgarn

## Schnittteile & Vorbereitung

Schnittteile 2–4 auf Bogen B Schwarze Konturlinien

***Größe:***
***34/36***
***38/40***
***42/44***
***46/48***

Den rückw. Besatz vom Rückenteilschnitt und den Taschenbeutel vom Vorderteilschnitt separat abpausen. Das Vorderteil und den rückw. Besatz jeweils an der Mittellinie spiegeln, sodass ganze Teile entstehen. Für Gr. 42/44 + 46/48 das Schnittteil 3 ebenfalls an der vord. Mittellinie spiegeln.

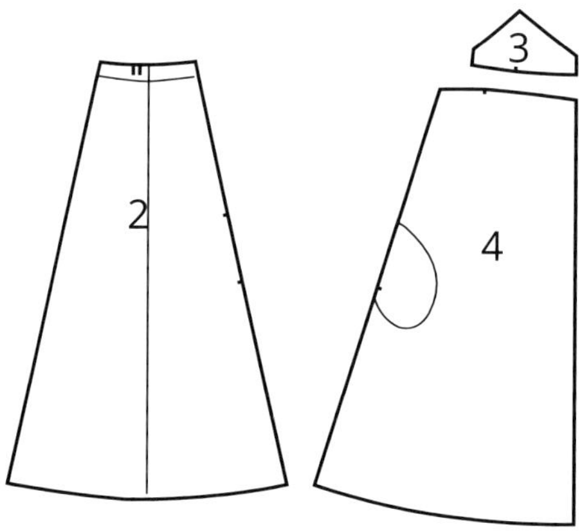

## Zuschnitt

② Rückenteil = 2 x Stoff
② rückw. Besatz = 1 x Stoff
③ Vord. Passe = 2 x im Stoffbruch, für Gr. 42/44 + 46/48 zweimal ganz zuschneiden
④ Vorderteil = 1 x Stoff
④ Taschenbeutel = 4 x Stoff
ⓐ Träger = 4 x Stoff, 45 cm lang, 2 cm breit

**Einlage** auf den rückw. Besatz und eine vord. Passe aufbügeln.
Die Teile mit 1 cm Nahtzugabe, an den Säumen 1 cm Nahtzugabe zugeben.

### Größe 34/36 – 38/40

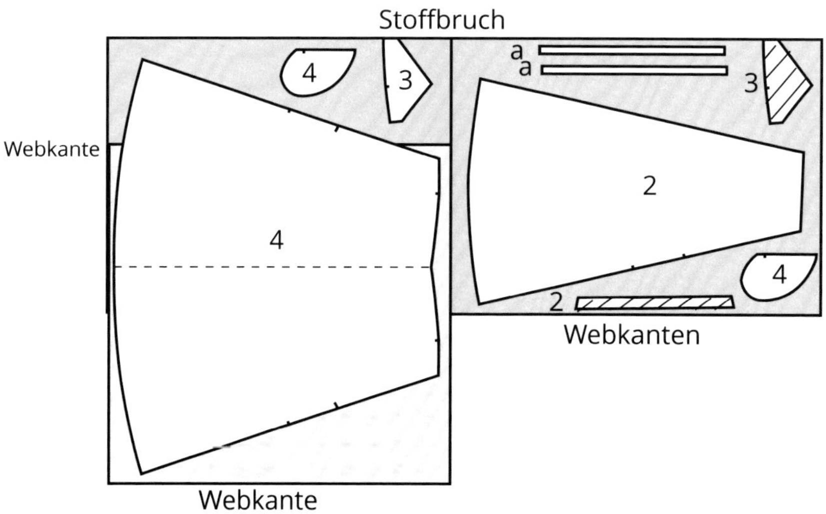

**Größe 42/44 – 46/48**

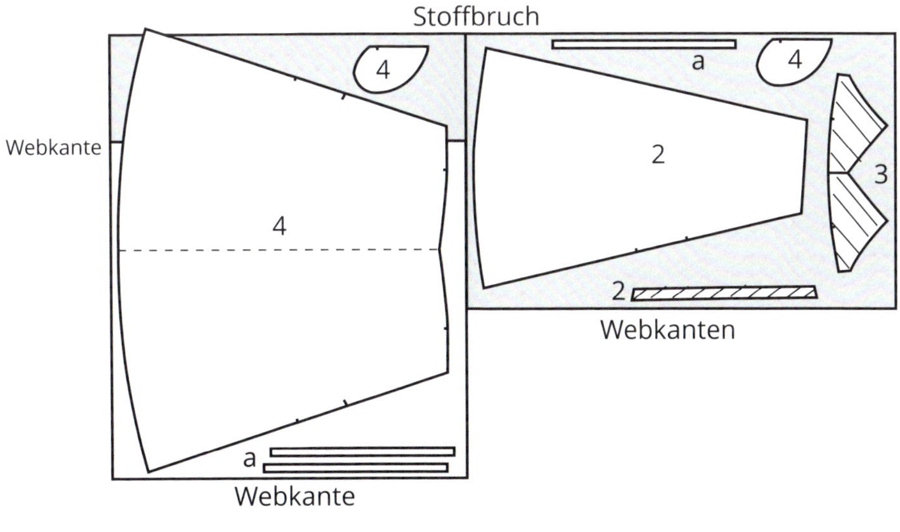

## So geht's

Das Vorderteil an der oberen Kante auf Passenlänge einkräuseln. Dafür mit einem großen Steppstich auf der Nahtlinie steppen und 0,5 cm daneben auf der Nahtzugabe steppen. An beiden Unterfäden gleichmäßig ziehen und so auf die Passenlänge einkräuseln. Die vordere Passe rechts auf rechts ansteppen. Nahtzugaben nach oben in die Passe bügeln. Die Taschenbeutel jeweils an das Vorder- und Rückenteil zeichengemäß ansteppen. Seitennahtkanten versäubern und die Seitennähte rechts auf rechts steppen. Die Taschenbeutel dabei auch aufeinandersteppen. Taschenbeutel nach vorn bügeln und die Seitennähte auseinanderbügeln. Den Saum versäubern, nach innen bügeln und ansteppen.

**Halsausschnitt und Träger:** Den rückw. Besatz rechts auf rechts an den Seiten mit dem vord. Besatz verbinden. Nähte auseinanderbügeln und die untere Besatzkante versäubern. Die Träger steppen, sie sollen fertig 0,75 cm breit sein, einen langen doppelten Faden in eine große Nadel einfädeln und an das Ende des Trägers nähen. Dann mit der Nadel, das Nadelöhr zuerst in den Streifen ziehen und so den Streifen nach außen wenden. Die Träger bügeln und rechts auf rechts auf die Ecke am Vorderteil und zeichengemäß auf das Rückenteil stecken. Die Träger zeigen nach unten. Den Besatz rechts auf rechts auf das Kleid stecken und mit 1 cm Nahtzugabe steppen. Die Nahtzugaben verschneiden, an den Ecken schräg abschneiden und nach innen wenden. Die Träger herausziehen und die Kante bügeln. Den Besatz von rechts mit Nadeln fixieren und vorn im Nahtschatten ansteppen. Den rückw. Besatz mit ein paar Handstichen fixieren.
Mit dem Tassel Maker von Prym 4 Quasten anfertigen.
Die fertigen Quasten an die Enden der Träger nähen und eine Schleife binden.

# Mit Spaghetti-trägern

*Das Kleid sieht in jedem sommerlichen Jersey toll aus*

Schwierigkeitsgrad: ● ○ ○

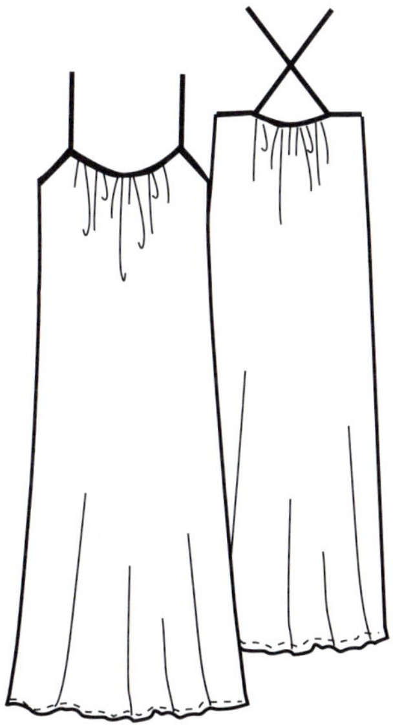

## Material

- Viskose-Jersey, 140 cm breit

| Größe | Stoff | Rückenlänge |
|---|---|---|
| 34/36 | 1,80 m | = 80 cm |
| 38/40 | 1,80 m | = 80 cm |
| 42/44 | 1,85 m | = 80 cm |
| 46/48 | 1,95 m | = 80 cm |

- Baumwollschrägband von Prym in einer passenden Farbe, 2 cm breit, ca. 2,50 m
- Gummiband von Prym 0,75 cm breit, ca. 20 cm
- Farblich passendes Nähgarn

## Schnittteile & Vorbereitung

Schnittteile 1–1a auf Bogen B Schwarze Konturlinien

***Größe:***
***34/36***
***38/40***
***42/44***
***46/48***

Die Papierschnitt-Teile 1 + 1a an den entsprechenden Zusammensetzlinien aneinanderkleben. Das ganze Schnittteil einmal kopieren und den rückw. Halsausschnitt wie im Schnitt eingezeichnet abschneiden.

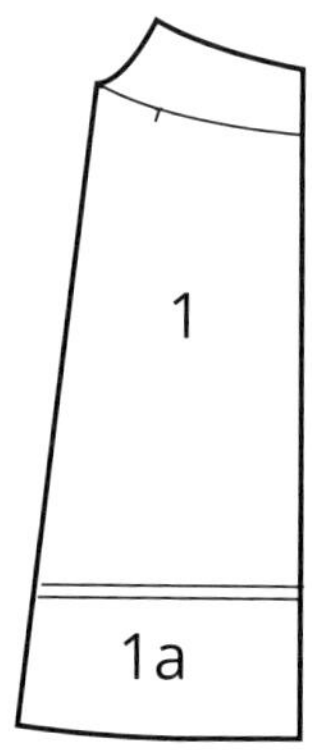

Spaghettiträger, farblich abgestimmt, am Rücken überkreuzt

## Zuschnitt

① Rückenteil = 2 x Stoff

① Vorderteil = 1 x im Stoffbruch

Die Teile mit 1 cm Nahtzugabe, an den Säumen keine Nahtzugabe zugeben.

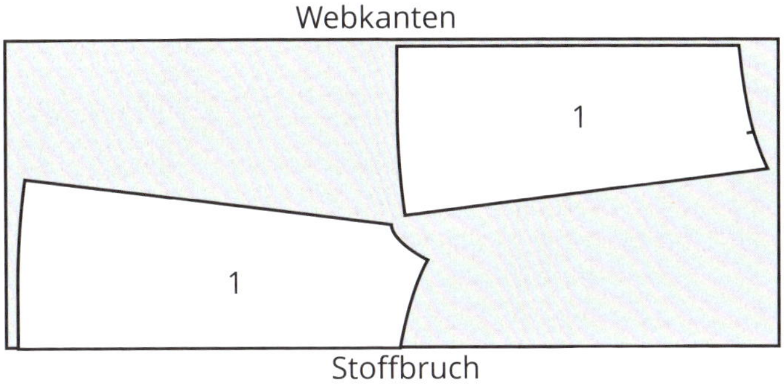

## So geht's

Die rückw. Mittelnahtkanten versäubern und rechts auf rechts steppen. Naht auseinanderbügeln. Am Vorderteil den Halsausschnitt auf 28 cm Länge einkräuseln. Dafür auf der Nahtlinie mit einem großen Steppstich steppen und 0,5 cm daneben auf der Nahtzugabe steppen. An beiden Oberfäden gleichmäßig ziehen und auf die entsprechende Weite einkräuseln. Von dem Einfassband ein Stück in der Länge des vord. Halsausschnittes abschneiden, längskantig zur Hälfte umbügeln und offen unter die Nähmaschine legen. Die Halsausschnittkante bis zum Umbruch in den Streifen hineinlegen, den Streifen zusammenlegen und knappkantig steppen. Dabei die Unterseite des Streifens mitfassen.

Am Schrägband zweimal die Trägerlängen abmessen, ca. 66 – 70 cm. An der Seitennaht beginnen und das Schrägband in Form so wie oben an den Armausschnitt steppen. Dann das Schrägband Bruchkante auf Bruchkante legen und knappkantig aufeinandersteppen. Das ist der Träger.

Am Rückenteil die obere Kante zeichengemäß auf 24 cm einkräuseln. Siehe vord. Ausschnitt. Die Kante mit dem Schrägband einfassen, dabei 10 cm von der Seite gemessen auf jeder Seite eine Öffnung lassen, um das Gummiband einziehen zu können. Das Gummiband mit einer Sicherheitsnadel in das Schrägband ziehen. An einer Seite quer feststeppen und an der anderen soweit ziehen, dass es am Rücken etwas anliegt. Gummiband feststecken und quer steppen. Die beiden Öffnungen schließen. Die Seitennähte rechts auf rechts steppen und die Nähte auseinanderbügeln. Die Nahtzugaben des Schrägbandes ansteppen.

Das Kleid anprobieren und die Träger zeichengemäß über Kreuz am Rückenteil feststecken. Die Träger ansteppen oder mit der Hand annähen.

# Ibiza-Kleid

*Zauberhaftes Kleid im Urlaubs-Look mit weißen Spitzenbordüren*

Schwierigkeitsgrad: ● ○ ○

## Material

- Viskose-Krepp uni weiß, 140 cm breit von Stoffe Hemmers

| Größe | Stoff | Rückenlänge |
|---|---|---|
| 34/36 | 2,20 m | = 91,5 cm |
| 38/40 | 2,20 m | = 92,5 cm |
| 42/44 | 2,25 m | = 93,5 cm |
| 46/48 | 2,30 m | = 94,5 cm |

- Spitze mit Zackenrand an einer Seite, 5 cm breit, 3,20 – 3,80 m
- Gummiband von Prym, 1 cm breit, ca. 0,60 m
- Nahtband 1 cm breit
- Farblich passendes Nähgarn

## Schnittteile & Vorbereitung

Schnittteile 5–10 auf Bogen C Schwarze Konturlinien

***Größe:***
***34/36***
***38/40***
***42/44***
***46/48***

Um das Futter zuzuschneiden, die Oberteile jeweils an der Mittellinie spiegeln, sodass ganze Teile entstehen.

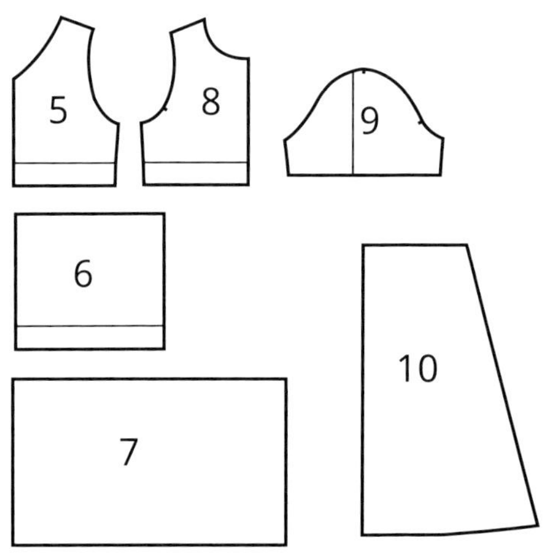

## Zuschnitt

(5) Rückenteil = 1 x im Stoffbruch, 1 x Futter

(6) Erste Rockstufe = 2 x im Stoffbruch

(7) Zweite Rockstufe = 2 x im Stoffbruch

(8) Vorderteil = 1 x im Stoffbruch, 1 x Futter

(9) Ärmel = 2 x Stoff, Achtung gegengleich zuschneiden!

(10) Futterrock = 2 x im Stoffbruch

(a) Ärmelsaumrüsche = 2 x Stoff, 45/47/49/51 cm breit, 20 cm lang

Die Teile mit 1 cm Nahtzugabe, Kleidersaum mit 4 cm Zugabe und den Ärmelsaum mit 1,5 cm Zugabe zuschneiden.

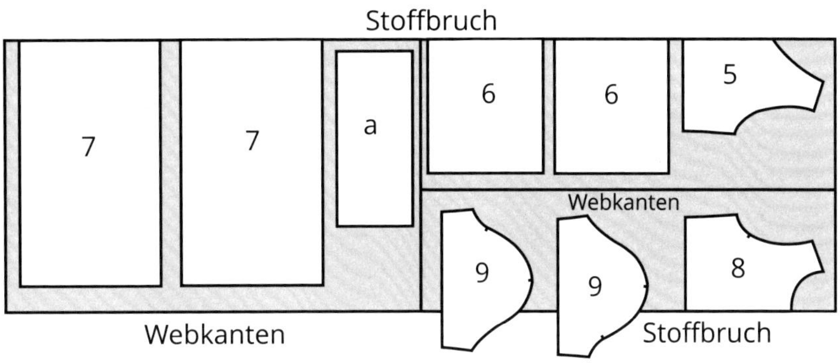


### Futter

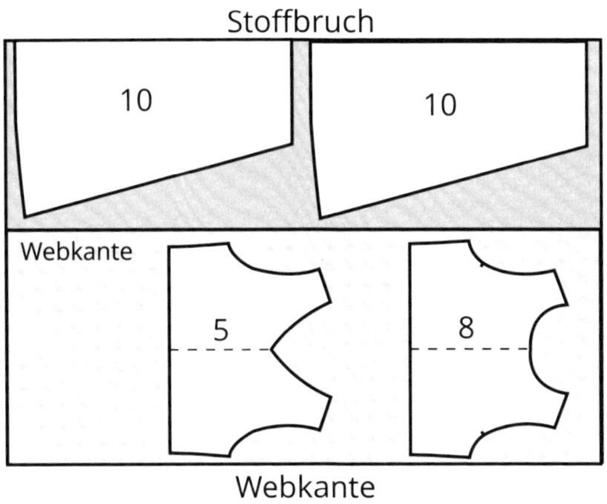

## So geht's

Die Brustabnäher für Gr. 46/48 spitz auslaufend steppen und nach oben gerichtet bügeln.

**Halsausschnitt:** Den vord. und rückw. Halsausschnitt mit dem Nahtband fixieren, damit diese nicht ausdehnen beim Weiterverarbeiten. Schulternähte vom Oberstoff und Futter rechts auf rechts steppen. Nähte auseinanderbügeln und das Futter rechts auf rechts auf den Oberstoff stecken. Den Halsausschnitt mit 1 cm Naht steppen, die Nahtzugaben verschneiden, an der rückw. Ausschnittecke bis kurz vor die Naht einschneiden und das Futter flach legen und auf dem Futter, die Nahtzugaben liegen darunter, knappkantig absteppen. Das Futter nach innen legen und die Kante bügeln.

**Rock mit Spitze anfertigen:** Die Seitennähte am Oberstoff und am Futter rechts auf rechts steppen und auseinanderbügeln. Die erste Rockstufe an den Seiten rechts auf rechts steppen und die Nähte auseinanderbügeln. An einer Längskante einkräuseln. Dafür auf der Nahtlinie mit einem großen Steppstich steppen. 0,5 cm daneben auf der Nahtzugabe noch einmal steppen. An beiden Unterfäden gleichmäßig ziehen und so auf die Oberteilweite einkräuseln. Die Rockstufe rechts auf rechts an das Oberteil steppen, Nahtkanten zusammengefasst versäubern und nach oben bügeln. Die Spitzenbordüre mit der Zackenkante auf die Naht steppen und die glatte Kante auf die im Schnitt eingezeichnete Linie stecken. Mit einem kleinen Zickzackstich feststeppen. Den Stoff unter der Spitze mit einer scharfen Schere herausschneiden.
Die zweite Rockstufe genauso verarbeiten. Hier an einer Längskante den Saum nach innen bügeln und eingeschlagen ansteppen. Den Futterrock an den Seiten rechts auf rechts steppen, Nahtkanten jeweils zusammengefasst versäubern, den Saum nach innen bügeln und eingeschlagen ansteppen. Futter rechts auf rechts innen an das Oberteil steppen.

**Ärmel:** Die Armausschnitte von Oberstoff und Futter aufeinanderstecken und zusammenheften. Die Spitze mit einem kleinen Zickzackstich an die Ärmelsaumkante steppen und die Nahtzugabe darunter herausschneiden. Das untere Ärmelteil an einer Längskante auf die Länge der Spitze einkräuseln, siehe Rock. Die Nahtkante versäubern und die Zackenkante der Spitze auf die Kräuselnaht steppen. Die Ärmelsaumkante versäubern, nach innen bügeln und die Ärmelnähte rechts auf rechts steppen, dabei den Saum wieder nach außen klappen. Nahtkanten jeweils zusammengefasst versäubern und nach hinten bügeln. Den Saum ansteppen, dabei ein Stück Naht zum Einziehen des Gummibandes offen lassen. Das Gummiband mit einer Sicherheitsnadel einziehen und je nach Bedarf die Weite probieren. Das Gummiband aufeinandersteppen und die Öffnung schließen.

Blickfang:
die Spitzenbordüre

# Khakikleid

*Cooler Avantgarde-Schnitt aus einem weichen Viskose-Twill in Olive*

Schwierigkeitsgrad: ●●○

## Material

- Reiner Viskose-Twill Vintage, 145 cm breit von Stoffe Hemmers

| Größe | Stoff | Rückenlänge |
|---|---|---|
| 34/36 | 1,65 m | = 102 cm |
| 38/40 | 1,90 m | = 104 cm |
| 42/44 | 2,25 m | = 106 cm |
| 46/48 | 2,35 m | = 108 cm |

- Vlieseline H180
- Farblich passendes Nähgarn

## Schnittteile & Vorbereitung

Schnittteile 5–7 auf Bogen B Schwarze Konturlinien

***Größe:***
***34/36***
***38/40***
***42/44***
***46/48***

Das Schnittteil 6 einmal ohne Taschenbeutel kopieren und die Schnittteile 5 und 7 an die Teile 6 ankleben. Das Schnittteil 5/6, Vorderteil an der Mittellinie spiegeln, sodass ein ganzes Teil entsteht. Den Taschenbeutel und den Besatz vom Vorderteilschnitt, den rückw. Besatz vom Rückenteilschnitt separat abpausen.

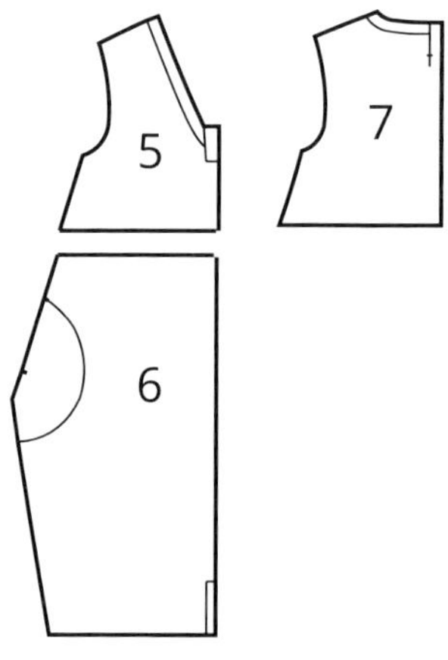

## Zuschnitt

(5) / (6) Vorderteil = 1 x Stoff

(5) Vord. Besatz = 1 x im Stoffbruch

(6) / (7) Rückenteil = 1 x im Stoffbruch

(6) Taschenbeutel = 4 x Stoff

(7) rückw. Besatz = 1 x im Stoffbruch

(a) Armausschnittstreifen = 2 x Stoff im schrägen Fadenlauf, 46,5/49,25/52,25/56 cm lang, 4 cm breit (inkl. Nahtzugaben)

Die Teile mit 1 cm Nahtzugabe, an den Säumen 3 cm Nahtzugabe zugeben.
Die Armausschnitte ohne Zugaben zuschneiden.
**Einlage** auf den rückw. und vord. Besatz aufbügeln.

Stoffbruch

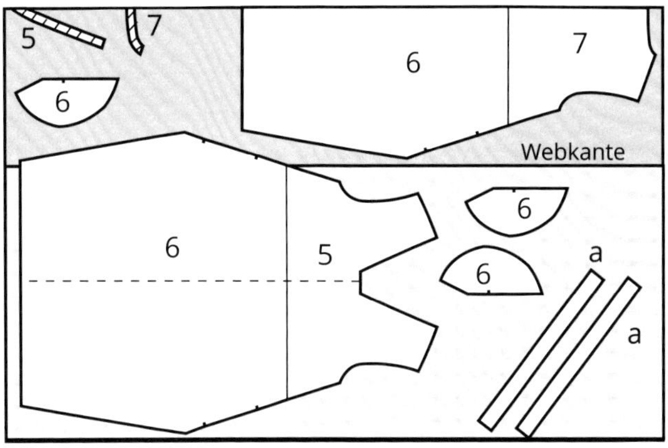


Webkante

»Das Leben ist zu kurz für langweilige Kleidung.«
(Carly Cushnie & Michelle Ochs)

## So geht's

Die Brustabnäher für Gr. 46/48 spitz auslaufend steppen und bügeln.
Die Falten am Vorder- und Rückenteil zeichengemäß einlegen, zusteppen und zur Kellerfalte bügeln. Dann von rechts 0,5 cm breit auf jeder Seite der Naht absteppen.

**Halsausschnitt:** Die Schulternähte rechts auf rechts steppen, Nahtkanten jeweils zusammengefasst versäubern und nach hinten gerichtet bügeln. Die Besätze rechts auf rechts an den Schultern steppen, Nähte auseinanderbügeln und die Außenkante des Besatzes versäubern. Besatz rechts auf rechts auf das Kleid legen und mit 1 cm Naht steppen. Nahtzugaben knapp verschneiden, an der vord. Ecke bis knapp vor die Naht einschneiden und den Besatz nach innen wenden. Die Kanten bügeln, den Besatz von rechts anstecken oder heften und im Verlauf der Besatzkante ansteppen.

**Armausschnitte:** Die Armausschnittstreifen mit einer Pappschablone, 2 cm breit, an den Längskanten nach innen bügeln. Dann die Bruchkanten aufeinanderlegen und den Streifen zur Hälfte umbügeln. Den Schnitt nehmen und die Armausschnittform einbügeln. Den Streifen offen unter die Nähmaschine legen und die Nahtkanten des Armausschnittes bis in die Bruchkante legen. Den Streifen zuklappen und knappkantig ansteppen. Dabei die Unterseite des Streifens mitfassen.

Die Seitennähte rechts auf rechts steppen, dabei die Tascheneingriffe offen lassen. Die Taschenbeutelkanten versäubern und jeweils rechts auf rechts an die Tascheneingriffe steppen. Den vord. Tascheneingriff bügeln. Die Taschenbeutel aufeinandersteppen und die Seitennahtkanten versäubern. Säume nach innen bügeln und eingeschlagen ansteppen.

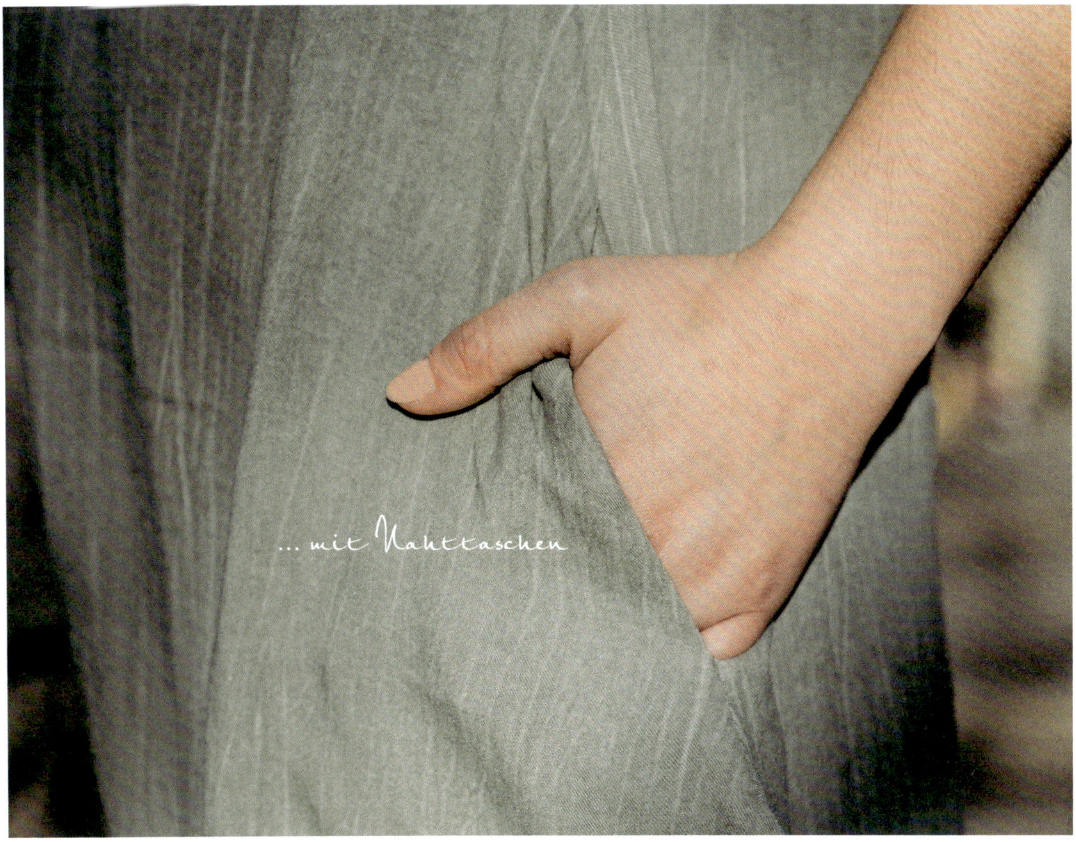
... mit Nahttaschen

# Stufenkleid

Sehr feminines Kleid mit Saumrüsche, einem attraktiven Dekolleté und Spaghettiträgern

Schwierigkeitsgrad: ●●●

## Material

- Reine Viskose mit Streifen im Fadenlauf bedruckt, 147 cm breit von Der Stoff – Norderstedt

| Größe | Stoff | Rückenlänge |
|---|---|---|
| 34/36 | 2,20 m | = 97 cm |
| 38/40 | 2,20 m | = 97 cm |
| 42/44 | 2,20 m | = 97 cm |
| 46/48 | 2,25 m | = 97 cm |

- Futterstoff, 140 cm breit:

Größe:
34/36 = 0,30 m
38/40 = 0,30 m
42/44 = 0,35 m
46/48 = 0,35 m

- 1 nahtverdeckter Reißverschluss 30 cm lang von Prym
- Vlieseline H180
- Farblich passendes Nähgarn
- Wendeset von Prym

»Eine Frau sollte sich jeden Tag so anziehen, als könnte sie ihrer großen Liebe begegnen.«

(Coco Chanel)

## Schnittteile & Vorbereitung

Schnittteile 1–4 auf Bogen C Schwarze Konturlinien

***Größe:***

| Größe | Linie |
|---|---|
| ***34/36*** | gepunktet |
| ***38/40*** | gestrichelt |
| ***42/44*** | doppelt gestrichelt |
| ***46/48*** | durchgezogen |

Den vord. Sattel Schnittteil 3 für den Oberstoff an der Mittellinie spiegeln, sodass ein ganzes Teil entsteht.

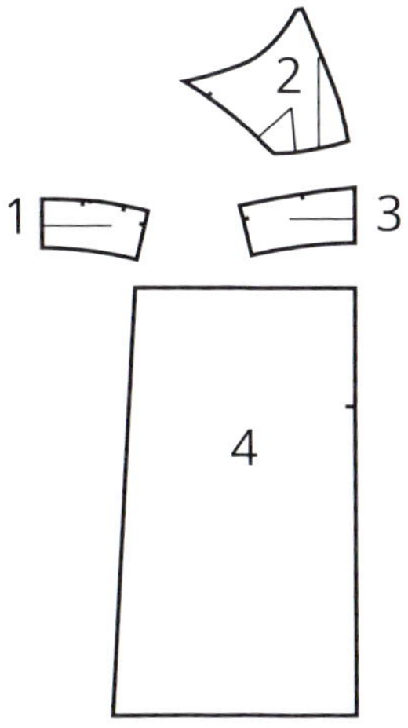

## Zuschnitt

(1) Rückw. Sattel = 2 x Stoff, 2 x Futter

(2) Vord. Bustierteil = 2 x Stoff, 2 x Futter

(3) Vord. Sattel = 1 x Stoff, 1 x Futter

(4) Vord. Rockteil = 1 x im Stoffbruch

(4) Rückw. Rockteil = 2 x Stoff

(a) Saumrüsche = 2 x im Stoffbruch, Gesamtlänge: 134/137/139/141 cm lang, 25 cm breit

(b) Träger = 2 x Stoff, 43 cm lang, 4 cm breit (inkl. Nahtzugaben)

Die Teile mit 1 cm Nahtzugabe, an den Säumen 1 cm Nahtzugabe zugeben.

**Einlage** auf die oberen Vorderteile, den vord. Sattel und die rückw. Sattel aufbügeln.

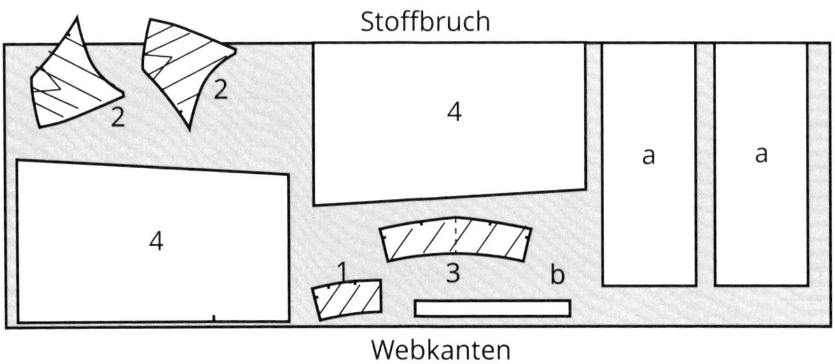


### Futter

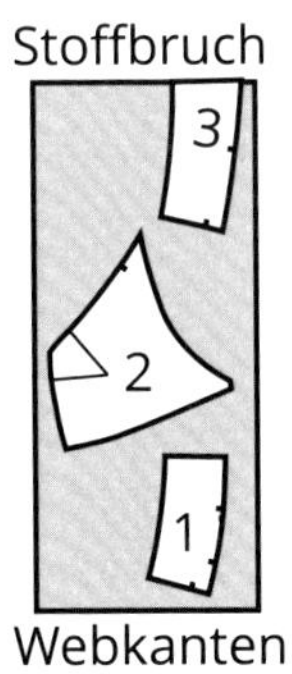

## So geht's

**Die Träger anfertigen:** Jeweils die Längskanten rechts auf rechts legen und mit 1 cm Naht steppen. Eine kurze Seite quer steppen und die Streifen wenden. Das geht sehr gut mit dem Wendeset von Prym. Die Träger bügeln und auf die oberen Ecken der Bustierteile stecken. Träger liegt auf dem Bustier. Die Brustabnäher spitz auslaufend steppen und nach vorn gerichtet bügeln. Am Futter die Abnäher zu Falten einlegen und bügeln. Futter rechts auf rechts auf die Bustierteile legen und die Ausschnittkante und die Armausschnitte steppen. Die Nahtzugaben verschneiden, Futter nach innen wenden, die Träger herausziehen und die Kanten bügeln.
Die Sattelteile aus Oberstoff und Futter jeweils an den Seitennähten rechts auf rechts steppen. Nähte auseinanderbügeln. Die Bustierteile rechts auf rechts zeichengemäß auf den vord. Sattel stecken und feststeppen.
Den Futtersattel nun rechts auf rechts auf den Oberstoff legen und die obere Kante steppen. Die Bustierteile liegen dazwischen. Futter nach innen wenden und die Kante bügeln.

**Rock anfertigen:** Die rückw. Mittelnahtkanten versäubern und bis zur Reißverschlussmarkierung steppen. Naht auseinanderbügeln. Die Seitennähte rechts auf rechts steppen, Seitennähte jeweils zusammengefasst versäubern und nach hinten bügeln. Die Saumrüschenteile rechts auf rechts an den Seiten steppen, Nähte versäubern und flachbügeln. Eine Längskante versäubern, 1 cm nach innen bügeln und den Saum ansteppen. An der anderen Seite einkräuseln. Dafür auf der Nahtlinie mit einem großen Steppstich steppen. 0,5 cm daneben auf der Nahtzugabe noch einmal steppen. An beiden Unterfäden gleichmäßig ziehen und so auf die Rocksaumweite einkräuseln. Die Rüsche rechts auf rechts an den Rocksaum steppen. Nahtkanten zusammengefasst versäubern und nach oben in den Rock bügeln.
Die obere Rockkante ebenfalls einkräuseln, siehe Rüsche.
Den Rock rechts auf rechts an den Oberstoff-Sattel steppen. Naht nach oben in den Sattel bügeln. Den Reißverschluss mit einem Spezialsteppfuß einarbeiten, die Futterkante innen eingeschlagen mit der Hand an den Reißverschluss und an den Rock annähen.
Das Kleid anprobieren und die Träger am Rückenteil anstecken. Träger annähen.

»In einem Kleid, das aus viel Stoff besteht,
wirkt eine Frau angezogen.
In einem Kleid aus wenig Stoff wirkt
eine Frau anziehend.«

(Waltraud Puzicha)

# KAFTANE UND TUNIKEN

**Tuniken** kannte man bereits im alten Rom, wo sie sowohl von Männern als auch Frauen getragen wurden. Der Schnitt hat sich bis heute nicht wesentlich geändert.

Beim **Kaftan** handelt es sich um ein weites Obergewand, das aus dem Orient stammt und ursprünglich unter einem Panzer getragen wurde. Heute werden Kaftane aus Baumwolle oder kühler Seide gefertigt, sie sind zeitlos und ausgesprochen bequem.

# Tunika gestreift

*Raglan-Tunika aus einem edlen Viskose-Leinen-Gemisch mit gewebten Streifen. Raffiniert: die gesmokten Schulterpartien!*

Schwierigkeitsgrad: ●●●

## Material

- Viskose-Leinen-Gemisch mit quer eingewebten Streifen, 150 cm breit von Stoffe Hemmers

| Größe | Stoff | Rückenlänge |
|---|---|---|
| 34/36 | 2,80 m | = 71,5 cm |
| 38/40 | 2,80 m | = 71,5 cm |
| 42/44 | 2,90 m | = 71,5 cm |
| 46/48 | 3,05 m | = 71,5 cm |

- Vlieseline H180
- Feiner Elastic-Nähfaden 0,5 mm von Prym
- 1 Wollknäuel in Hellbraun
- Farblich passendes Nähgarn

## Schnittteile & Vorbereitung

Schnittteile 5–9 auf Bogen D Schwarze Konturlinien

***Größe:***

***34/36*** ooooooooooooooooooooooooooooooooo

***38/40*** - - - - - - - - - - - - - - - - - - - - - -

***42/44*** —— · —— · —— · —— · —— · —— · ——

***46/48*** ●●●●●●●●●●●●●●●●●●●●●●●●●

Die Halsausschnittblende an der rückwärtigen Mittellinie spiegeln, sodass ein ganzes Teil entsteht.

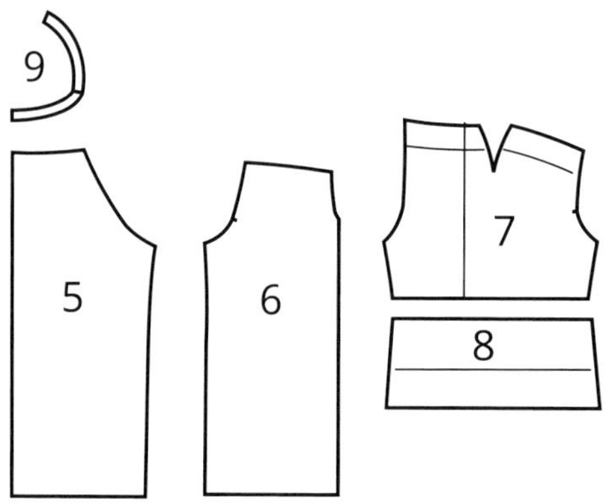

## Zuschnitt

(5) Rückenteil = 1 x im Stoffbruch längs im Streifen
(6) Vorderteil = 1 x im Stoffbruch längs im Streifen
(7) Ärmel = 2 x Stoff längs im Streifen
(8) Unteres Ärmelteil = 2 x Stoff quer im Streifen
(9) Halsausschnittblende = 2 x Stoff
(a) Streifen für vord. Ausschnitt = 1 x Stoff, 26/27/28/29 cm lang, 4 cm breit im schrägen Fadenlauf (inkl. Nahtzugaben)
(b) Ärmelsaumstreifen = 2 x Stoff, 26/27/28/29 cm lang, 3,5 cm breit im schrägen Fadenlauf (inkl. Nahtzugaben)
(c) Bindebänder = 2 x Stoff, 40 cm lang, 4 cm breit im schrägen Fadenlauf (inkl. Nahtzugaben)

**Einlage** auf eine Blende aufbügeln.
Die Teile mit 1 cm Nahtzugabe, Saum zuzügl. 2 cm und an den Ärmelunterkanten und am vord. Halsausschnitt keine Nahtzugabe zugeben.

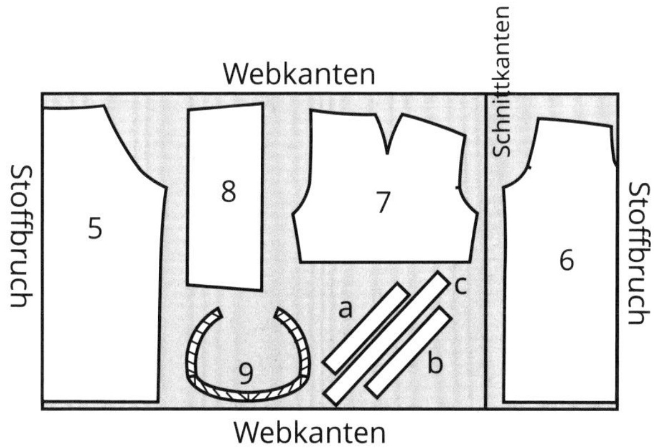

## So geht's

Die Brustabnäher für Gr. 46/48 spitz auslaufend steppen und nach unten gerichtet bügeln. Den Streifen „a" rechts auf rechts auf den vord. Halsausschnitt stecken mit 1 cm Nahtzugabe steppen. An der unteren Ecke die Nahtzugabe einschneiden und den Streifen ansteppen. Die Nahtzugaben in den Streifen bügeln, den Streifen um die Kante herum nach innen bügeln, sodass ein Paspel entsteht. Den Streifen innen einschlagen und von rechts knappkantig absteppen. An der Ausschnittecke innen ein kleines Dreieck abnähen. Die Seitennähte steppen und auseinanderbügeln. Den Saum nach innen bügeln und ansteppen.

**Ärmel:** Die Schulterabnäher spitz auslaufend steppen, Nahtkanten jeweils zusammengefasst versäubern und nach hinten bügeln. Im Bereich der Schultern smoken. Dafür den Elastic-Nähfaden auf die Spule wickeln und die erste Naht bei 1 cm von der Kante gemessen mit einem großen Steppstich steppen. Am Anfang und am Ende zurücknähen. Dann jeweils im Abstand von 0,5 cm noch 8 x steppen. Siehe auch auf dem Schnittmuster die Linie, das ist die letzte Steppnaht. Die unteren Ärmelteile rechts auf rechts an die Ärmelsäume steppen. Nahtkanten jeweils zusammengefasst versäubern und nach oben bügeln. Ärmelsaumkanten einkräuseln, dafür bei 1 cm Breite eine Steppnaht mit einem großen Steppstich setzen, dann 0,5 cm daneben auf der Nahtzugabe noch einmal steppen. An beiden Oberfäden gleichmäßig ziehen und so die Saumkante auf die erforderliche Weite einkräuseln.

Für Gr. 34/36 = 26 cm
Gr. 38/40 = 27 cm
Gr. 42/44 = 28 cm
Gr. 46/48 = 29 cm

Den Streifen „b" rechts auf rechts 1 cm breit an die Ärmelkante steppen, Streifen bügeln, um die Kante herum legen, sodass ein Paspel entsteht und innen eingeschlagen anstecken. Von außen knappkantig feststeppen. Die Ärmelnähte jeweils rechts auf rechts steppen, jeweils zusammengefasst versäubern und nach hinten gerichtet bügeln. Die Ärmel rechts auf rechts an die Raglannaht steppen.

**Halsausschnitt:** Zuerst die Bindebänder anfertigen: Die Streifen jeweils längskantig rechts auf rechts legen und mit 1 cm steppen. Das fertige Band soll 1 cm breit sein. An einem Ende quersteppen. Die Nahtzugaben verschneiden, an der Ecke schräg abschneiden. Den Streifen nach außen wenden, das geht sehr gut mit dem Wendeset von Prym. Die Streifen bügeln und auf die vord. Kanten der fixierten Blende steppen. Die Bänder liegen auf der Blende. Die Blenden rechts auf rechts legen und die vord. Mitten und die obere Kante steppen. Nahtzugaben verschneiden, die Ecken schräg abschneiden und die Blende nach außen wenden, die Bänder herausziehen. Die Kanten gut bügeln. Den Halsausschnitt am Vorder- und am Rückenteil einkräuseln. Siehe Ärmelsaum. Dann an beiden Unterfäden ziehen und so den Halsausschnitt auf die Länge der Blende einkräuseln. Die Blende offen rechts auf rechts, zeichengemäß an den Halsausschnitt steppen. Nahtzugaben in die Blende bügeln, innen die Nahtzugaben einschlagen und mit der Hand an die Ansatznaht nähen. Mit dem Tassel Maker von Prym 2 Quasten anfertigen.

Die Bandenden durch die Quasten ziehen, einschlagen und mit der Hand annähen.

Raffiniert:
die gesmokte
Schulterpartie

# Indische Tunika

*Aus reiner indischer Baumwolle, gewebt nach traditionellem Textilhandwerk, das fairen Handel nachhaltig lebt*

Schwierigkeitsgrad: ●●○

## Material

- Reine Baumwolle mit eingewebtem Goldrand, 114 cm breit von Karlotta Pink

| Größe | Stoff | Rückenlänge |
| --- | --- | --- |
| 34/36 | 1,80 m | = 81 cm |
| 38/40 | 1,90 m | = 82 cm |
| 42/44 | 2,00 m | = 83 cm |
| 46/48 | 2,00 m | = 84 cm |

- Vlieseline H180

- Farblich passendes Nähgarn

## Schnittteile & Vorbereitung

Schnittteile 6–8 auf Bogen A Schwarze Konturlinien

***Größe:***
***34/36***
***38/40***
***42/44***
***46/48***

Den Besatz und den Aufnäher vom Vorderteilschnitt, den rückw. Besatz vom Rückenteilschnitt und den Ärmel-Aufnäher vom Ärmelschnitt separat abpausen.

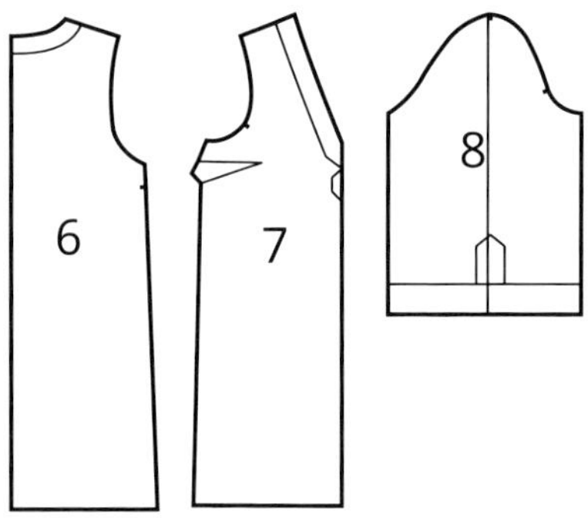

## Zuschnitt

⑥ Rückenteil = 1 x im Stoffbruch, Saum an den Goldrand legen

⑥ Rückw. Besatz = 1 x im Stoffbruch

⑦ Vorderteil = 2 x Stoff, Säume an den Goldrand legen

⑦ Vord. Besatz = 2 x an den Goldrand legen

⑦ Vord. Aufnäher = 2 x an den Goldrand legen

⑧ Ärmel = 2 x Stoff, Säume an den Goldrand legen

⑧ Ärmelaufnäher = 2 x an den Goldrand legen

Die Teile mit 1 cm Nahtzugabe, an den Säumen keine Nahtzugabe zugeben.
**Einlage** auf den rückwärtigen Halsbesatz aufbügeln.

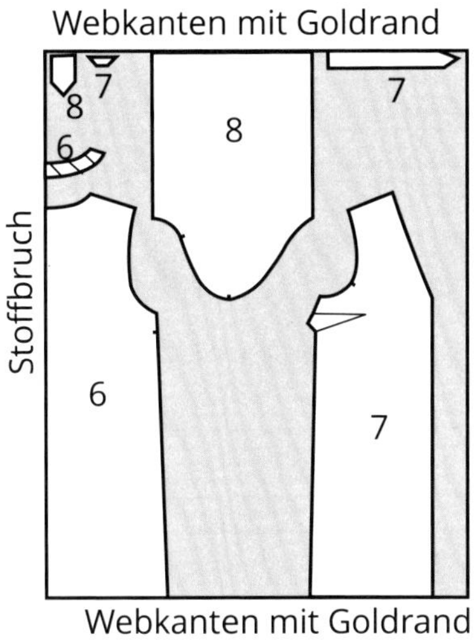


»Mode ist die schönste Illusion, die du haben kannst.«

(Alessandro Michele)

Die Goldkante
schmückt auch
die Ärmel

## So geht's

Die Brustabnäher spitz auslaufend steppen und nach unten gerichtet bügeln. Die vord. Besätze rechts auf links innen auf die Vorderteile stecken und mit 1 cm Nahtzugabe steppen. Die Besätze nach außen umbügeln, einschlagen und knappkantig aufsteppen. Den vord. Aufnäher an den Schnittkanten nach innen bügeln und knappkantig aufsteppen. Die vord. Mittelnahtkanten versäubern und rechts auf rechts steppen, dabei darauf achten, dass die Besätze und der Aufnäher genau aufeinanderpassen. Naht auseinanderbügeln. Die Schulter- und die Seitennahtkanten versäubern und jeweils rechts auf rechts steppen. An der rückw. Schulter muss am Halsausschnitt 1 cm überstehen! Nähte auseinanderbügeln. Am rückw. Halsausschnitt den Besatz rechts auf rechts ansteppen, Nahtzugaben knapp verschneiden und den Besatz nach innen bügeln. Von rechts entlang der Besatzlinie aufsteppen.

**Ärmel:** Die Kanten der Ärmelaufnäher nach innen bügeln und wie im Schnitt markiert an die Goldkante stecken. Die Aufnäher knappkantig aufsteppen. Ärmelnahtkanten versäubern, jeweils rechts auf rechts steppen und die Nähte auseinanderbügeln.
Ärmel zeichengemäß in die Armausschnitte steppen. Dabei die Mehrweite an der Armkugel einhalten.

# Tunika geblümt

*Luftige Raglan-Tunika aus einem geblümten Jersey mit Knopfverschluss*

Schwierigkeitsgrad: ● ○ ○

## Material

- Viskose-Jersey mit Blumenprint, 148 cm breit von Stoffe Hemmers

| Größe | Stoff | Rückenlänge |
|---|---|---|
| 34/36 | 1,45 m | = 61,5 cm |
| 38/40 | 1,45 m | = 62,5 cm |
| 42/44 | 1,50 m | = 63,5 cm |
| 46/48 | 1,55 m | = 64,5 cm |

- 1 Knopf 15 mm groß
- Farblich passendes Nähgarn

## Schnittteile

Schnittteile 5–7 auf Bogen D Schwarze Konturlinien

***Größe:***

***34/36*** ○○○○○○○○○○○○○○○○○○○○○○○○○○○○○○○○

***38/40*** ‒ ‒ ‒ ‒ ‒ ‒ ‒ ‒ ‒ ‒ ‒ ‒ ‒ ‒ ‒ ‒ ‒ ‒ ‒ ‒

***42/44*** —·—·—·—·—·—·—

***46/48*** ●●●●●●●●●●●●●●●●●●●●●●●●

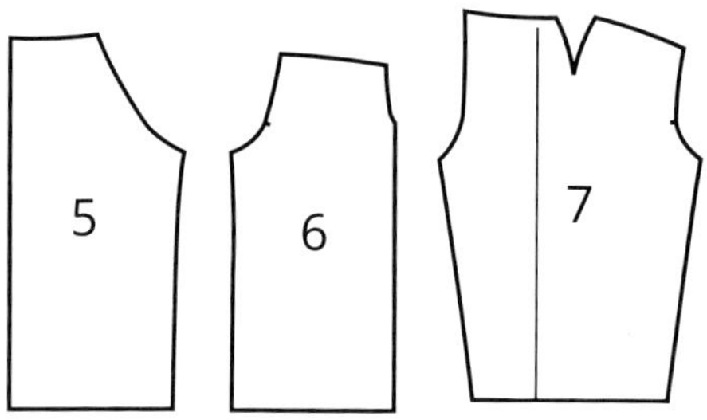

## Zuschnitt

- (5) Rückenteil = 1 x im Stoffbruch
- (6) Vorderteil = 1 x im Stoffbruch
- (7) Ärmel = 2 x Stoff
- (a) Streifen für vord. Ausschnitt = 1 x Stoff, 21,5/22/22,5/23 cm lang, 4 cm breit
- (b) Halsausschnittstreifen = 1 x im Stoffbruch, Gesamtlänge: 35/37/39/41 cm lang, 4 cm breit
- (c) Ärmelsaumstreifen = 2 x Stoff, 26/27/28/29 cm lang, 4 cm breit

Die Teile mit 1 cm Nahtzugabe, Saum zuzügl. 2 cm und am Halsausschnitt und den Ärmelunterkanten keine Nahtzugabe zugeben. Die Streifen beinhalten bereits die Nahtzugaben.

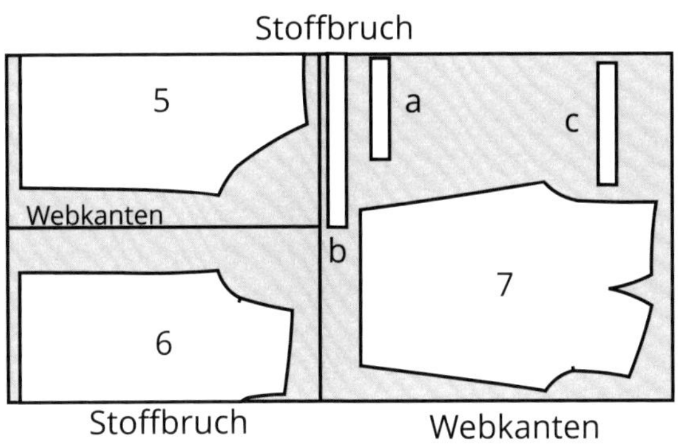


»Einfachheit ist der Schlüssel jeder wahren Eleganz.«

(Coco Chanel)

## So geht's

Die Brustabnäher für Gr. 46/48 spitz auslaufend steppen und nach unten gerichtet bügeln. Den Streifen „a" rechts auf rechts auf den vord. Halsausschnitt stecken, mit 1 cm Nahtzugabe steppen. An der unteren Ecke die Nahtzugabe einschneiden und den Streifen ansteppen. Die Nahtzugaben in den Streifen bügeln, den Streifen um die Kante herum nach innen bügeln, sodass ein Paspel entsteht. Den Streifen innen einschlagen und von rechts knappkantig absteppen. An der Ausschnittecke innen ein kleines Dreieck abnähen. Die Seitennähte steppen und auseinanderbügeln. Den Saum nach innen bügeln und ansteppen.

**Ärmel:** Die Schulterabnäher spitz auslaufend steppen, Nahtkanten jeweils zusammengefasst versäubern und nach hinten bügeln. Ärmelsaumkanten einkräuseln, dafür bei 1 cm Breite eine Steppnaht mit einem großen Steppstich setzen, dann 0,5 cm daneben auf der Nahtzugabe noch einmal steppen. An beiden Oberfäden gleichmäßig ziehen und so die Saumkante auf die erforderliche Weite einkräuseln.

Für Gr. 34/36 = 26 cm
Gr. 38/40 = 27 cm
Gr. 42/44 = 28 cm
Gr. 46/48 = 29 cm

Den Streifen „c" rechts auf rechts 1 cm breit an die Ärmelkante steppen, Streifen nach oben bügeln, um die Kante herum legen, sodass ein Paspel entsteht und innen anstecken. Von außen knappkantig feststeppen. Die Ärmelnähte jeweils rechts auf rechts steppen und auseinanderbügeln. Die Ärmel rechts auf rechts an die Raglannaht steppen. Die Halsausschnittkante einkräuseln, siehe Ärmelsaum.
An den Oberfäden gleichmäßig ziehen und so auf Ausschnittlänge bringen.

Für Gr. 34/36 = 70 cm
Gr. 38/40 = 74 cm
Gr. 42/44 = 78 cm
Gr. 46/48 = 82 cm

Den Ausschnittstreifen rechts auf rechts an den Halsausschnitt steppen, dabei etwas dehnen. An jeder Seite 1 cm Nahtzugabe überstehen lassen. Die Nahtzugabe eventuell etwas abschneiden, einschlagen und bügeln. Innen die Nahtzugabe nach innen legen und mit kleinen Handstichen an die Ansatznaht nähen. Von rechts den Streifen knappkantig absteppen. An der rechten Ausschnittecke eine kleine Öse mit der Hand schürzen und in Knopfgröße annähen. An der anderen Ecke den Knopf annähen.

# Leo-Kaftan

*Leichter Kaftan aus einem Chiffon mit Animal-Print. Schnell gemacht und super cool!*

Schwierigkeitsgrad: ●○○

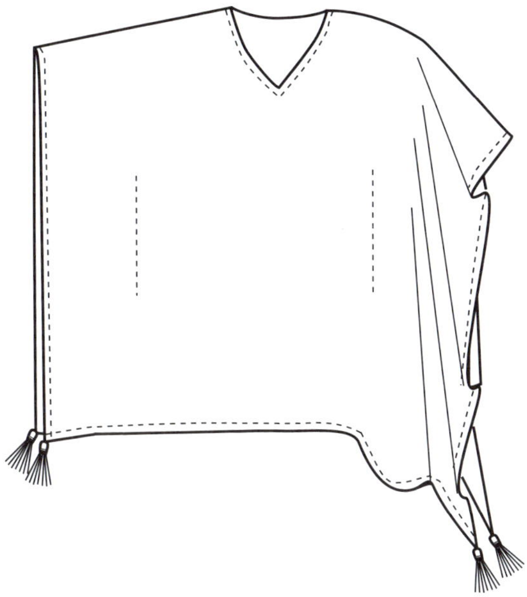

## Material

- Polyester-Krepp bedruckt, 150 cm breit von Der Stoff – Norderstedt

| Größe | Stoff | Rückenlänge |
|---|---|---|
| S | 1,90 m | = 87 cm |
| M | 1,90 m | = 88 cm |
| L | 1,95 m | = 89 cm |
| XL | 2,10 m | = 90 cm |

- 1 Knäuel feine Wolle in Schwarz
- 1 Tassel Maker von Prym
- Farblich passendes Nähgarn

## Schnittteile & Vorbereitung

Schnittteil 8 auf Bogen B Schwarze Konturlinien

***Größe:***
***S***
***M***
***L***
***XL***

Das ganze Schnittteil einmal kopieren und den vorderen Halsausschnitt ausschneiden.

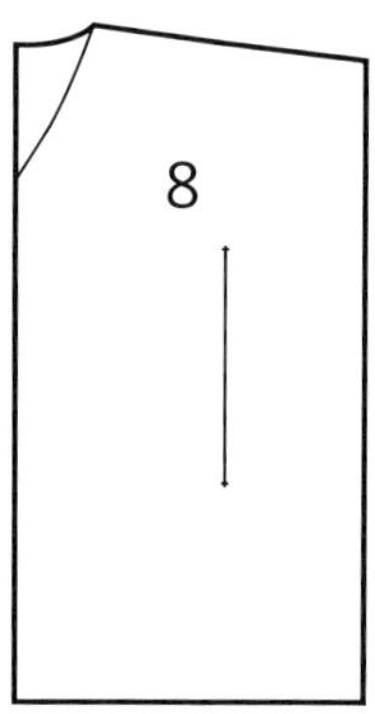

## Zuschnitt

- (8) Rückenteil = 1 x im Stoffbruch
- (8) Vorderteil = 1 x im Stoffbruch
- (a) Halsausschnittstreifen = in zwei Teilen im schrägen Fadenlauf, Gesamtlänge: 107/108,5/110/111,5 cm lang. 4 cm breit (inkl. Nahtzugaben)

Die Teile mit 1 cm Nahtzugabe, an den Säumen und den Seitennähten 1,5 cm Nahtzugabe zugeben.

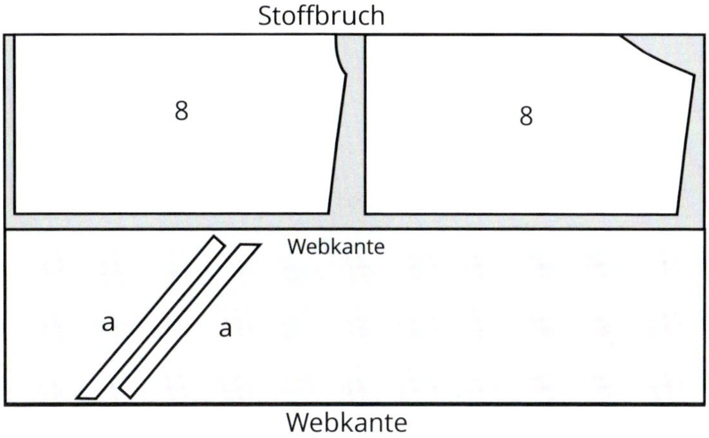

Im Leopardenlook: ein Hauch von Nichts

# So geht's

Vorder- und Rückenteil rechts auf rechts legen und die Schulternähte steppen. Die Nahtkanten jeweils zusammengefasst versäubern und nach hinten gerichtet bügeln. Die Schrägstreifen an der schrägen Naht rechts auf rechts zusammensetzen, Naht auseinanderbügeln und den Streifen längskantig auf halbe Breite umbügeln. Den Streifen doppelt rechts auf rechts an den Halsausschnitt steppen. Dabei an der vord. Ecke beginnen. Den ganzen Halsausschnitt steppen, bis zur vord. Ecke. Die Nahtzugabe des Kaftans an der vord. Ecke vorsichtig bis kurz vor die Naht einschneiden, den Streifen doppelt an der Ecke rechts auf rechts aneinandersteppen, Streifen nach innen wenden, die Kante bügeln und von rechts 0,5 cm breit absteppen.

Die seitlichen Kanten und die Säume 1,5 cm breit nach innen bügeln und eingeschlagen in einem Arbeitsgang feststeppen. Vorder- und Rückenteil glatt aufeinanderlegen und laut Schnittmuster aufeinandersteppen.

Mit dem Tassel Maker von Prym 4 große Quasten anfertigen. Die fertigen Quasten jeweils an die Saumecken nähen.

# Kaftan mit Bommelborte

*Hauchdünner Kaftan für den Strand. Mit einem Tunnelband und vorn vier Bändern zum Zubinden und angesetzter Bommelborte*

Schwierigkeitsgrad: ●●○

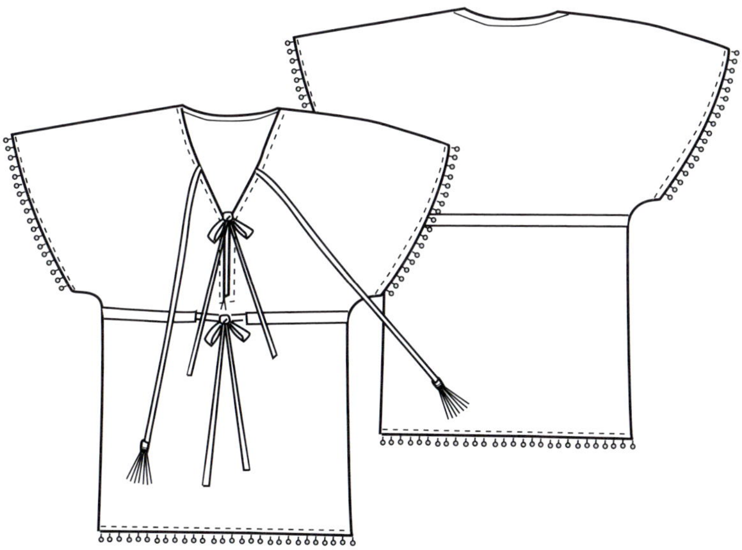

# Material

- Polyester-Chiffon, 140 cm breit von Der Stoff – Norderstedt

| Größe | Stoff | Rückenlänge |
|---|---|---|
| S | 1,95 m | = 88 cm |
| M | 1,95 m | = 89 cm |
| L | 1,95 m | = 90 cm |
| XL | 1,95 m | = 91 cm |

- 1 Knäuel feine Wolle in Blau
- Bommelborte, 1,5 cm breit, 2,70 – 3,00 m
- 1 Tassel Maker von Prym
- Wendeset von Prym
- Farblich passendes Nähgarn

# Schnittteile & Vorbereitung

Schnittteil 10 auf Bogen A Schwarze Konturlinien

***Größe:***
***S***
***M***
***L***
***XL***

Das ganze Schnittteil einmal kopieren und den vord. Halsausschnitt ausschneiden. Dann den Besatz vom Vorderteil separat abpausen.

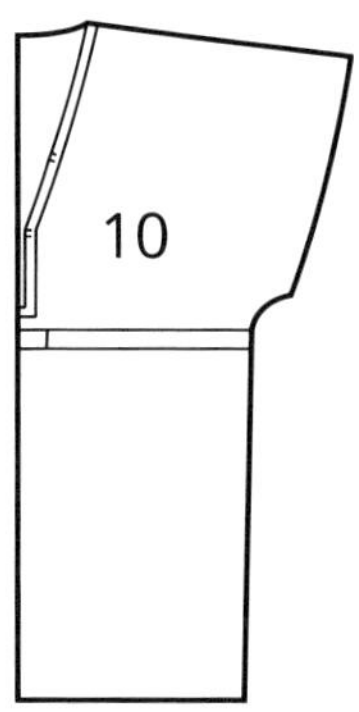

## Zuschnitt

- (10) Rückenteil = 1 x im Stoffbruch
- (10) Vorderteil = 1 x im Stoffbruch
- (10) Vord. Besatz = 2 x Stoff
- (a) Tunnelstreifen = 1 x Stoff, 120/128/136/147 cm, 4,5 cm breit
- (b) Tunnelband = 1 x Stoff, 190 cm lang, 4 cm breit
- (c) Rückw. Einfassstreifen = 1 x Stoff im schrägen Fadenlauf, 20/20,5/21/22 cm lang, 4 cm breit
- (d) Bänder oben am Halsausschnitt = 2 x Stoff, 44 cm lang, 4 cm breit
- (e) Bänder unten am Halsausschnitt = 2 x Stoff, 42 cm lang, 4 cm breit

Die Teile mit 1 cm Nahtzugabe, an den Säumen und den Seitennähten 1,5 cm Nahtzugabe zugeben.

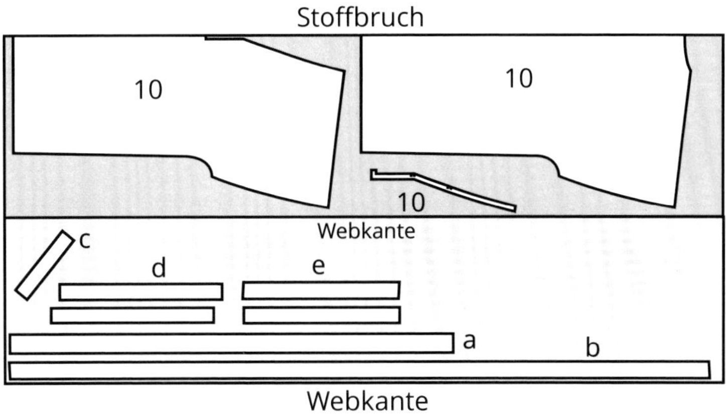

Praktisch & verspielt:
Tunnel und Bindebänder

## So geht's

Den rückw. Halsausschnitt mit dem Schrägstreifen einfassen. Siehe Tunika, S. 90.

**Vorderteil:** Die Bindebänder jeweils längskantig steppen, an einer Schmalseite quer steppen. Die Bänder nach außen wenden, das geht sehr gut mit dem Wendeset von Prym. Bänder zeichengemäß auf den vord. Halsausschnitt stecken, die Bänder liegen auf dem Vorderteil. Den Besatz an der vord. Mitte rechts auf rechts steppen und die Naht auseinanderbügeln. Besatz rechts auf rechts an den Halsausschnitt stecken und mit 1 cm Nahtzugabe steppen. Die Nahtzugaben der unteren Ecken bis kurz vor die Naht schräg einschneiden, den Besatz nach innen wenden und die Bänder herausziehen. Die Kante bügeln, den Besatz innen einschlagen und knappkantig ansteppen. Am unteren Ende des Ausschnittes eine Falte einlegen und die Enden aufeinandersteppen. Vorder- und Rückenteil rechts auf rechts legen, die Schulternähte steppen. Die Nahtkanten jeweils zusammengefasst versäubern und nach hinten gerichtet bügeln. Die Armausschnitte zweimal knapp nach innen bügeln und ansteppen. Die Seitennähte rechts auf rechts steppen, Nahtkanten jeweils zusammengefasst versäubern und nach hinten bügeln. Den Saum zweimal knapp einschlagen und ansteppen.

**Tunnel:** Den Tunnelstreifen an den Längskanten nach 1 cm nach innen bügeln. Der Tunnel soll fertig 2,5 cm breit sein. An den Enden 1 cm nach innen bügeln und feststeppen. Den Tunnel zeichengemäß auf den Kaftan steppen. Das Tunnelband genauso verarbeiten wie die oberen Bindebänder und mit einer großen Sicherheitsnadel durch den Tunnel ziehen.

Mit dem Tassel Maker von Prym 2 große Quasten anfertigen.
Die fertigen Quasten jeweils an die Enden der oberen Bindebänder nähen. Bindeband durch die Öse der Quasten ziehen, einschlagen und mit der Hand annähen. Zum Schluss die Bommelborte an den Saum und die Armausschnitte steppen.

# Langer Kaftan

*Der Kaftan fällt an den Seiten wie ein Wasserfall!*
*Er ist schnell genäht und wunderbar bequem*

Schwierigkeitsgrad: ●●○

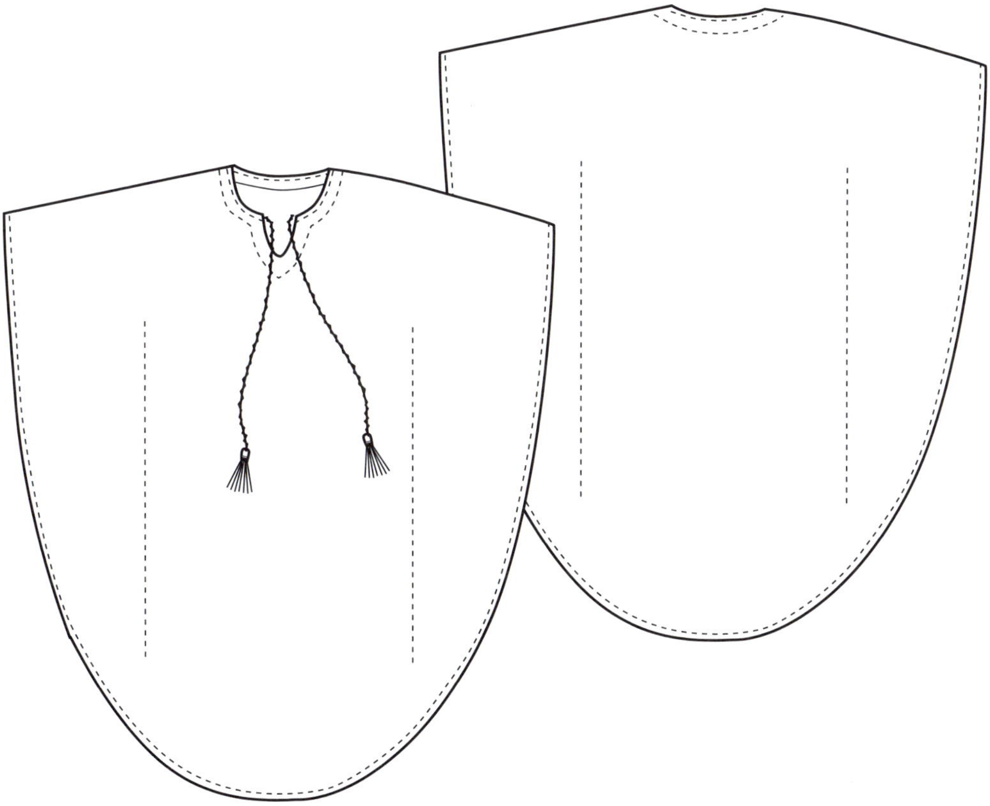

## Material

- Reine Viskose bedruckt, 154 cm breit von Der Stoff – Norderstedt

| Größe | Stoff | Rückenlänge |
|---|---|---|
| S | 2,65 m | = 124 cm |
| M | 2,65 m | = 125 cm |
| L | 2,70 m | = 126 cm |
| XL | 2,70 m | = 127 cm |

- Vlieseline H180
- 1 Knäuel feine Wolle in Pink
- 1 Tassel Maker von Prym
- Farblich passendes Nähgarn

## Schnittteile & Vorbereitung

Schnittteile 9 + 9a + 10 auf Bogen A Schwarze Konturlinien

***Größe:***

***S***

***M***

***L***

***XL***

Die Papierschnitt-Teile 9 + 9a an den entsprechenden Zusammensetzlinien aneinanderkleben. Das ganze Schnittteil einmal kopieren und den vord. Halsausschnitt ausschneiden. Den Besatz vom Vorderteilschnitt separat abpausen.

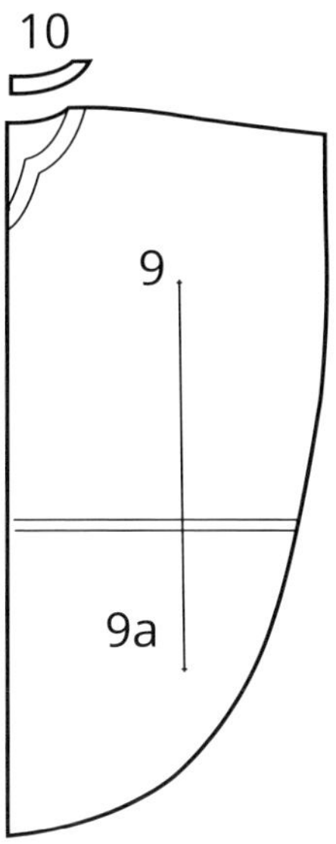


»Wenn gelegentlich etwas Altmodisches wieder Mode wird, merken wir, wie bezaubernd unsere Großmütter gewesen sein müssen.«

(Sigmund Graff)

Ein Hingucker:
Quasten in Pink

## Zuschnitt

(9) Rückenteil = 1 x im Stoffbruch
(9) Vorderteil = 1 x im Stoffbruch
(9) Vord. Besatz = 1 x im Stoffbruch
(10) Rückw. Besatz = 1 x im Stoffbruch

Die Teile mit 1 cm Nahtzugabe, an den Säumen 1,5 cm Nahtzugabe zugeben.
**Einlage** auf den rückw. und vord. Halsbesatz aufbügeln.

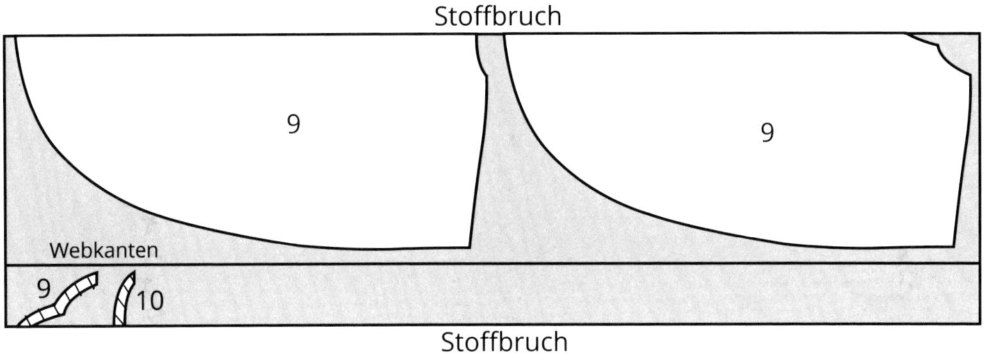


## So geht's

Vorder- und Rückenteil rechts auf rechts legen und die Schulternähte steppen. Die Nahtkanten jeweils zusammengefasst versäubern und nach hinten gerichtet bügeln. Die Besätze an den Schultern rechts auf rechts steppen, Nähte auseinanderbügeln und die Außenkante versäubern. Den Besatz rechts auf rechts an den Halsausschnitt steppen. Dabei an jeweils eine kleine (1 cm) Öffnung an den vord. Halsausschnittecken für die Kordel zum Durchziehen lassen. Nahtzugaben knapp verschneiden, die Ecken schräg abschneiden und den Besatz nach innen bügeln. Von rechts entlang der Besatzlinie aufsteppen. Dann 1 cm entlang des Halsausschnittes eine Steppnaht setzen, um so einen Tunnel zu erhalten.

Die seitlichen Kanten und die Säume 2 x knapp nach innen bügeln und in einem Arbeitsgang feststeppen. Vorder- und Rückenteil glatt aufeinanderlegen und laut Schnittmuster aufeinandersteppen. Kordel mit Quasten anfertigen: Sechs lange (ca. 2,00 m lang) Wollfäden vom Knäuel abschneiden. Die Fäden an einem Ende alle zusammenknoten, unter den Nähfuß klemmen und jeweils immer mit 2 Fäden einen Zopf flechten. Die fertige Kordel soll ca. 55 cm lang werden. Mit dem Tassel Maker von Prym 2 Quasten anfertigen.
Die Kordel mit einer Sicherheitsnadel durch den Halsausschnitt-Tunnel ziehen und die fertigen Quasten an die Enden der Kordel nähen.

# Kaftan mit Bindeband

*Leichter Kaftan aus einem bedruckten Chiffon geflockt. Vorn am Halsausschnitt mit angesetzten Blenden und einem Bindeband für eine schmale Taille*

Schwierigkeitsgrad: ●○○

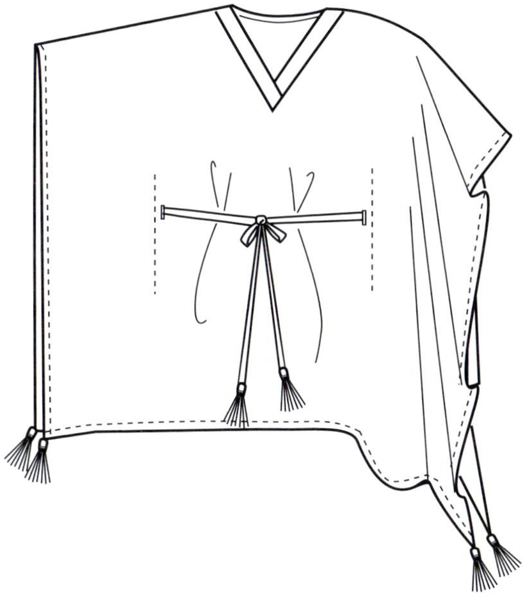

## Material

- Polyester-Chiffon mit Flowerprint, 147 cm breit von Der Stoff – Norderstedt

| Größe | Stoff | Rückenlänge |
|---|---|---|
| S | 2,00 m | = 87 cm |
| M | 2,00 m | = 88 cm |
| L | 2,00 m | = 89 cm |
| XL | 2,05 m | = 90 cm |

- 1 Knäuel feine Wolle in Blau
- 1 Tassel Maker von Prym
- Wendeset von Prym
- Farblich passendes Nähgarn

## Schnittteile & Vorbereitung

Schnittteil 10 auf Bogen D Schwarze Konturlinien

***Größe:***

***S***

***M***

***L***

***XL***

Das ganze Schnittteil einmal kopieren und die vord. Halsausschnittblende abschneiden. Die Blende an der inneren Umbruchkante spiegeln, sodass ein ganzes Teil entsteht.

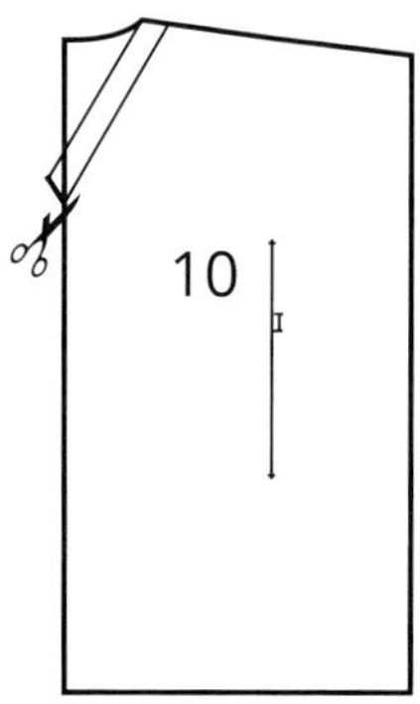

Ärmel,
die an Flügel erinnern

## Zuschnitt

- (10) Rückenteil = 1 x im Stoffbruch
- (10) Vorderteil = 1 x im Stoffbruch
- (a) Vord. Blende = 2 x Stoff
- (b) Rückw. Einfassstreifen = 1 x Stoff 25/25,5/26/27 cm lang. 4 cm breit, inkl. Nahtzugaben
- (c) Bindeband = 1 x Stoff, 196 cm lang, 4 cm breit (inkl. Nahtzugaben)

Die Teile mit 1 cm Nahtzugabe, an den Säumen und den Seitennähten 1,5 cm Nahtzugabe zugeben.

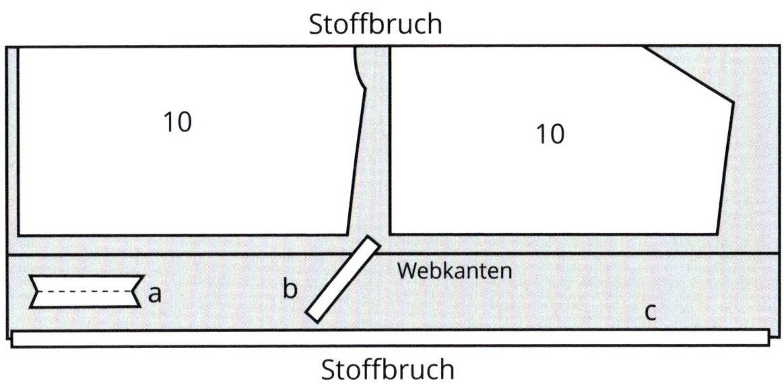

## So geht's

Den rückw. Halsausschnitt mit dem Schrägstreifen einfassen. Siehe Tunika, S. 90.
Die vord. Blenden entlang der Umbruchlinie bügeln. An den unteren Ecken die Streifen aufeinanderlegen, sodass ein „V“ entsteht. Die zusammengesetzte Blende rechts auf rechts an den Halsausschnitt steppen. Vom Kaftan aus nähen, und zwar von der Schulter bis zur vord. Ecke und zurück nähen. Die Ecke bis kurz vor die Naht einschneiden, die Kante aufdrehen und von der Ecke bis zur Schulter weiternähen. Die Nahtkanten zusammengefasst versäubern und zum Kaftan bügeln. Vorder- und Rückenteil rechts auf rechts legen und die Schulternähte steppen. Die Nahtkanten jeweils zusammengefasst versäubern und nach hinten gerichtet bügeln.
Die seitlichen Kanten und die Säume 1,5 cm breit nach innen bügeln und eingeschlagen in einem Arbeitsgang feststeppen. Vorder- und Rückenteil glatt aufeinanderlegen und laut Schnittmuster aufeinandersteppen. Zeichengemäß durch beide Stofflagen jeweils ein Knopfloch anfertigen.

**Bindeband:** Den Streifen für das Band längskantig aufeinanderlegen und mit 1 cm Nahtzugabe steppen. An einer Schmalseite quersteppen. Das Bindeband mit dem Wendeset von Prym nach außen wenden und bügeln.

Mit dem Tassel Maker von Prym 6 große Quasten anfertigen.
Die fertigen Quasten jeweils an die Saumecken und an die Enden des Bindegürtel nähen.

»Blumen sind die Liebesgedanken der Natur.«

(Bettina von Arnim)

# Maß nehmen

## Die richtige Größe ermitteln

Tragen Sie Ihre gemessenen Maße in die Tabelle ein und vergleichen Sie Ihre Maße mit den Maßen aus der Tabelle.
Dann wählen Sie die Größe, die Ihren Maßen am nächsten kommt.
Nehmen Sie dafür immer das größere Maß, denn Verkleinern und Engermachen geht einfacher als Erweitern!

Messen Sie **nicht** die Schnittteile aus, denn unsere Schnittmuster enthalten immer zusätzlich noch die Bequemlichkeitsweiten für das entsprechende Kleidungsstück.
Wenn Sie sich also ein Kleid aus den Modellen der figurbetonten, engen Kleider nähen möchten oder ein gerade geschnittenes Kleid aussuchen, wählen Sie immer die gleiche Größe!

Es ist durchaus möglich, dass Ihre gewohnte Konfektionsgröße nicht mit der Größe aus unserer Tabelle übereinstimmt. Das liegt daran, dass Konfektionäre mit unterschiedlichen Weitenzugaben arbeiten.
Also kann manchmal eine Größe 38 gut passen, und bei einem anderen Hersteller brauchen Sie vielleicht die Größe 40 oder 42.
Verlassen Sie sich deshalb nicht auf Ihre Konfektionsgröße, sondern gehen Sie nur nach der Maßtabelle.

**1. Bild (S. 123 li.):** Figurine front mit Nummern
**2. Bild (S. 123 re.):** Figurine back mit Nummern

| Größe | 34/36 | 38/40 | 42/44 | 46/48 |
|---|---|---|---|---|
| **Oberweite** | 84,0 | 92,0 | 100,0 | 110,0 |
| **Taillenweite** | 66,0 | 74,0 | 82,0 | 92,0 |
| **Hüftweite** | 90,0 | 98,0 | 106,0 | 116,0 |
| **Vord. Taillenlänge** | 43,5 | 45,5 | 47,5 | 49,5 |
| **Brusttiefe** | 26,0 | 28,0 | 30,0 | 32,0 |
| **Rückenlänge** | 40,5 | 41,5 | 42,5 | 43,5 |
| **Schulterbreite** | 12,0 | 13,0 | 13,5 | 14,0 |
| **Halsweite** | 35,0 | 37,0 | 39,0 | 41,0 |
| **Ärmellänge** | 60,0 | 60,0 | 61,0 | 61,0 |
| **Oberarmweite** | 27,0 | 29,0 | 31,0 | 34,0 |

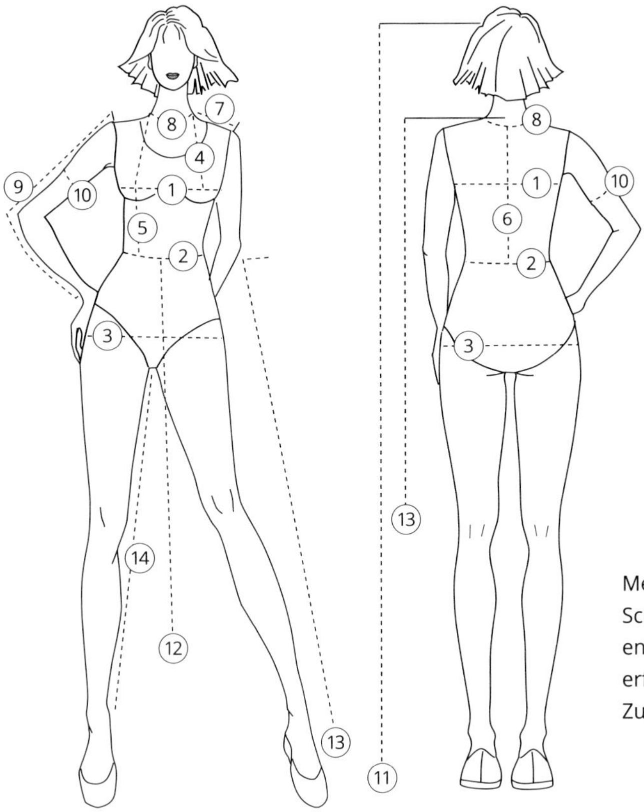


Messen Sie **nicht** den Schnitt aus, denn dieser enthält bereits die erforderlichen Weiten-Zugaben.

## Was und wo messen?

| | | |
|---|---|---|
| **Oberweite** | 1 | Über der stärksten Stelle der Brust |
| **Taillenweite** | 2 | Glatt um die Taille messen |
| **Hüftweite** | 3 | Über die stärkste Stelle am Po messen |
| **Brusttiefe** | 4 | Von der höchsten Stelle der Schulter am Halsansatz bis zur Brustspitze messen |
| **Vordere Taillenlänge** | 5 | Von der höchsten Stelle der Schulter, über den Brustpunkt zur Taille messen |
| **Rückenlänge** | 6 | Vom unteren Halswirbel bis zur Taille |
| **Schulterbreite** | 7 | Vom Halsansatz bis Anfang Armkugel |
| **Halsweite** | 8 | Am Halsansatz einmal herum messen |
| **Ärmellänge** | 9 | Von Armkugel, über den Ellenbogen zum Handgelenk (Handansatz) |
| **Oberarmweite** | 10 | Über die stärkste Stelle des Oberarms |
| **Körpergröße** | 11 | Vom Scheitel bis zur Sohle |
| **Rocklänge** | 12 | Ab Taille bis zur gewünschten Länge |
| **Kleiderlänge** | 13 | Ab Halswirbel bis zur gewünschten Länge |

## Grundausstattung

Folgende Dinge werden generell benötigt und sind in den Anleitungen nicht noch einmal aufgeführt:

- Nähmaschine
- Maßband und Lineal
- Schnittmusterpapier und Stift/Kopierrädchen
- Schneiderkreide, Markierstifte
- Schneiderschere und kleine Handarbeitsschere
- Steck-, Näh- und Sicherheitsnadeln
- Bügeleisen und Bügeltuch
- Wende-Set für Stoffschläuche, z. B. von Prym

»Die beste Kurve am Körper einer Frau ist ihr Lächeln.«

(Bob Marley)

# Anwendung

## So nehmen Sie Maß

Um die richtige Größe zu ermitteln, ist genaues Maßnehmen erforderlich.
Vergleichen Sie Ihre Maße mit den Angaben in der Maßtabelle und mogeln Sie nicht, denn die richtige Größe ist wichtig, um späteres Abändern zu vermeiden.
Messen Sie nicht den Schnitt aus, denn dieser enthält bereits die erforderlichen Weiten-Zugabe. Die Schnitte beinhalten **keine** Nahtzugabe!

## So finden Sie Ihr Modell auf dem Schnittbogen

Die Modelle im Bildteil weisen Nummern auf, die sich im Anleitungsteil wiederholen. Unter der Modellnummer finden Sie folgende Angaben:

- Modellzeichnung,
- Materialverbrauch,
- Bogenbezeichnung A, B, C oder D

die Schnitt-Teilenummern und die Konturlinien für Ihre Größe.

## So kopieren Sie den Schnitt vom Schnittbogen

Die Schnittbögen A, B, C oder D weisen am oberen Rand die Schnitt-Teilenummern in der Farbe Schwarz auf. Gehen Sie von diesen Nummern mit dem Zeigefinger senkrecht nach unten, bis Sie auf die gleiche fettgedruckte Schnitt-Teilenummer stoßen.
Wählen Sie Ihre Konturlinie anhand Ihrer Konfektionsgröße aus und kopieren Sie das entsprechende Schnittteil. Schnittkonturen der Teile, die Sie vom Bogen abnehmen, können mit einem Stift (Filzstift) markiert werden. Nun können Sie den Schnitt durchpausen oder herauskopieren. Zum Durchpausen benötigen Sie Seidenpapier. Dies legen Sie auf den Schnittbogen und zeichnen die von Ihnen markierten Teile ab. Beim Durchradeln (mit dem Kopierrädchen) legen Sie Papier unter den Schnittbogen und radeln Außenkonturen und markierte Linien durch. Arbeiten Sie hier sehr sorgfältig, damit Sie exakte Schnitt-Teile erhalten.

## So schneiden Sie zu

Die gezeigten Zuschneidepläne beziehen sich auf den Originalstoff. Sollten Sie abweichend davon Stoff mit einer anderen Stoffbreite wählen, verändert sich natürlich Stoffverbrauch und Zuschnitt.
Die Teile sind in doppelter Stofflage zugeschnitten. Das heißt, die rechte Stoffseite liegt innen. Falls der Stoff offen zugeschnitten wird, ist das am Zuschneideplan zu erkennen.
Schnitt-Teile, die auf unseren Zuschneideplänen keine Schnitt-Teilenummer aufweisen, sondern mit a, b, c usw. bezeichnet sind, werden vermaßt angegeben.

**Alle Teile plus Naht- und Saumzugabe zuschneiden!** Die Schnitte beinhalten keine Nahtzugabe!

## Tipp

Um sicherzugehen, dass die Stoffe nach der ersten Wäsche nicht einlaufen, empfehlen wir, sämtliche Stoffe vor dem Zuschnitt zu waschen!
Den Stoff trocknen lassen und dann sorgfältig glatt bügeln.

## So nähen Sie

Die Nähanleitung gibt die Arbeitsschritte an, die Sie nacheinander ausführen. Nähanleitungen zu den Modellen finden Sie im Buch.

# Impressum

Autorin: Mia Führer
Fotografie: Roberta Breda
Technische Zeichnungen: Mia Führer
Produktmanagement: Mareike Weber
Lektorat: Rosemarie Elsner
Korrektorat: Christiane Gsänger
Umschlaggestaltung: Helen Garner
Layout & Grafik: Silke Schüler
Repro: LUDWIG:media
Herstellung: Kathleen Baumann
Printed in Slovakia by Neografia

★★★★★

**Sind Sie mit diesem Titel zufrieden? Dann würden wir uns über Ihre Weiterempfehlung freuen.** Erzählen Sie es im Freundeskreis, berichten Sie Ihrem Buchhändler oder bewerten Sie bei Onlinekauf. Und wenn Sie Kritik, Korrekturen, Aktualisierungen haben, freuen wir uns über Ihre Nachricht an: Christophorus Verlag, Postfach 40 02 09, D-80702 München oder per E-Mail an lektorat@verlagshaus.de



Die Deutsche Nationalbibliothek verzeichnet diese Publikation in der Deutschen Nationalbibliografie; detaillierte bibliografische Daten sind im Internet über http://dnb.de abrufbar.

Wir danken den Firmen **Karlotta Pink**, **Kattun Stoffe** und **Stoffe Hemmers**. Die Stoffe sind zu bestellen bei: **www.karlottapink.de, www.kattun-stoffe.de, www.stoffe-hemmers.de**
Wir danken der Firma **Der Stoff – Norderstedt** für die Bereitstellung der Stoffe: **www.der-stoff.de**
Wir danken auch den Firmen **Prym** und **Gütermann** für die freundliche Unterstützung mit Kurzwaren und Nähzubehör.


Infanteriestraße 11a
80797 München


ISBN 978-3-8410-6646-6

## Kreativ-Service

Sie haben Fragen zu den Büchern und Materialien? Frau Erika Noll ist für Sie da und berät Sie rund um alle Kreativthemen. Rufen Sie an! Wir interessieren uns auch für Ihre eigenen Ideen und Anregungen. Sie erreichen Frau Noll per E-Mail: **kreativ-service@c-verlag.de** oder Tel.: **+49 (0)89 - 1306 99 - 577.**

Besuchen Sie uns im Internet: **www.christophorus-verlag.de** und **selbstgemacht.de**